掌握写作密码

做好个人IP

技巧、写法、运营的高能手册

刘皓 ——— 著

写活情节

落笔生动

随手写出10万+

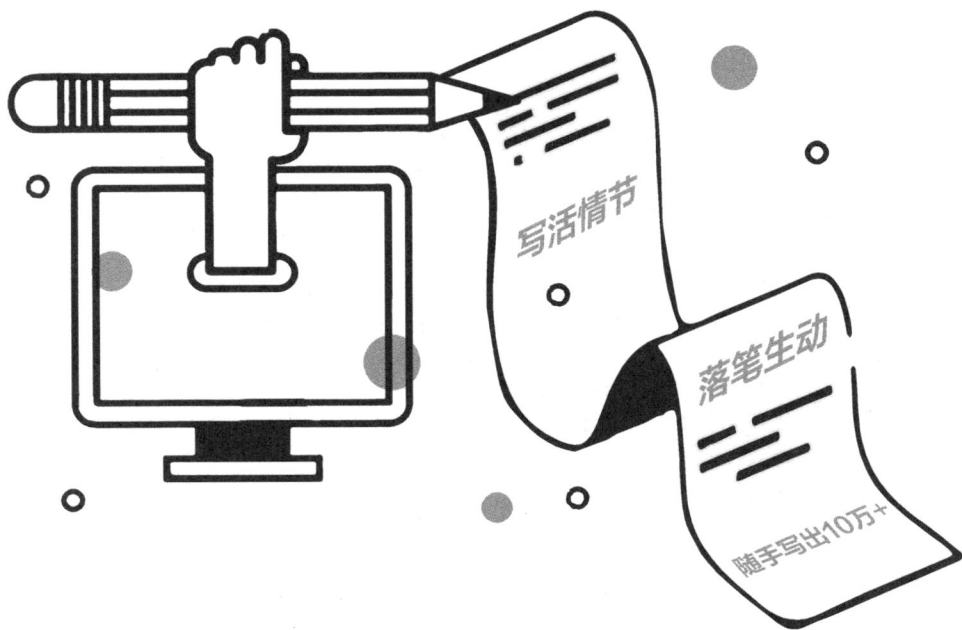

人民邮电出版社

北京

图书在版编目(CIP)数据

掌握写作密码,做好个人IP:技巧、写法、运营的高能手册 / 刘皓著. -- 北京:人民邮电出版社,2022.5(2023.9重印)
ISBN 978-7-115-58315-4

Ⅰ. ①掌… Ⅱ. ①刘… Ⅲ. ①传播媒介-文书-写作
Ⅳ. ①G206.2

中国版本图书馆CIP数据核字(2021)第260048号

内 容 提 要

自媒体写作是一种灵活、自由,且入门轻松、变现机会多的好选择。

本书共8章,循序渐进地讲解了从自媒体写作到打造个人IP的一系列方法。其中,写作基础性内容包括:如何找准定位、选择入驻的平台,如何抓准选题、收集素材、建立文章的框架等。写作提升性内容包括:10个爆款标题的拟定技巧、5个开头模板,以及打动人心的写法、结尾处升华的技巧、成稿后的润饰提高等。打造个人IP的内容包括:吸引流量、塑造口碑、建立社群等。

本书实例丰富、表述生动、流程清晰,且逻辑性强,特别适合对自媒体写作感兴趣的新人阅读,也适合正努力用自媒体达成变现的创作者阅读。

◆ 著   刘 皓
责任编辑   刘 姿
责任印制   周昇亮

◆ 人民邮电出版社出版发行   北京市丰台区成寿寺路 11 号
邮编   100164   电子邮件   315@ptpress.com.cn
网址   https://www.ptpress.com.cn
北京虎彩文化传播有限公司印刷

◆ 开本:700×1000   1/16
印张:15.5   2022 年 5 月第 1 版
字数:238 千字   2023 年 9 月北京第 4 次印刷

定价:59.80 元

读者服务热线:(010)81055296   印装质量热线:(010)81055316
反盗版热线:(010)81055315
广告经营许可证:京东市监广登字 20170147 号

前 言

2002 年诺贝尔经济学奖获得者丹尼尔·卡尼曼在《思考，快与慢》一书中说："在经济行为中，付出就是成本，学习技能就是为了追求利益与成本的平衡。"

自媒体写作这项技能，如果掌握了方式、方法，只需要付出很少的时间成本，就能获得多重的实际收益，使得收益与成本平衡，甚至超过沉没成本。

以我为例，一年前，我在知乎上发表的一篇文章被数量众多的粉丝打赏，连续被各大平台有偿转载，被知名出版社看中并出版，被商家看中进行收费植入。短短 2 000 字的文章，在一年的时间内，不谈间接的影响力，仅吸引的粉丝数为我带来的直接收益就超过了一万元。而在自媒体行业里，一年前的我仅仅是一个没有什么名气、粉丝数较少的新人。

这样的千字收益在传统纸媒行业是难以想象的，更别说我只是一个没有人际关系和经验积累的新人，就算是一个出过很多书的优秀作家，能够达到千字五千元稿酬的，也只有寥寥数人。

然而在这个自媒体日益盛行的时代，自媒体写作的浪潮越来越汹涌，这已成为再正常不过的一个现象。很多人因为掌握了自媒体写作这项技能，通过不断实践和思考，仅花费短短一两年的时间就获得高收益。

可能有很多人觉得，写作是一项需要天赋的技能。如果一个人在出生的时候没有被赋予这项技能，那么他在上学的时候写篇作文就很头疼了，无论怎么写都无法让自己满意。这样的人成年后，随着学习能力大幅下降，精力也无法像学生时代那样集中，还想靠写作来进行"破圈"升级，获得不菲的收益，这不是有些痴人说梦吗？

但事实证明，自媒体写作有着其特殊而鲜明的时代烙印和专属的写作方法。它和传统纸媒的写作、学生时期的作文有着重合的部分，但又不完全相同。

根据我对自媒体行业成功人士的案例剖析和理解，大多数在自媒体写作方面成功的人都并非先天具有写作技巧这个技能。那些自媒体写作的成功者们基本都是通过后天努力、系统思考、对写作模式不断理解来掌握自媒体写作规律的，然后自然而然地获得了相应的成功。

我曾在世界 500 强企业工作，有丰富的系统搭建、组织培训和管理的经验。进入自媒体行业以后，也碰到过很多优秀的自媒体写作人才，在与他们的沟通交流中，从他们身上汲取了很多宝贵的经验。

通过整合我的职业素养和自媒体写作经验，才形成了本书系统性强、逻辑性强的内容。本书从细节、实践和一个个关键点出发，由浅入深地带领读者进入自媒体写作领域。本书全面概括了自媒体写作的核心环节，每一个方法均是从实战中总结出来的，其阐述从精准的案例开始，以便于自媒体写作爱好者、自媒体新人理解和学习。本书案例翔实、充分，可操作性强，即便只是简单模仿其中的某些案例，也会对读者有所帮助。

掌握写作密码，做好个人 IP：技巧、写法、运营的高能手册本书的读者对象如下。

想打造个人 IP 的自媒体创作者

想从事写作培训的从业者

想兼职自媒体写作的职场新人

想出版图书的作者

对写作有强烈爱好、兴趣的人士

目录 CONT

ENTS ●●

第 3 章

实战启幕，轰开写作胜利之门

目录 C O N T

ENTS ●●

目录

第5章

收官之笔，别让万般辛苦功亏一篑

目录 CONT

E N T S ••

7.2 **建立社群，打造私域** **228**

7.2.1 如何引流，打造私域 228

7.2.2 粉丝裂变 232

第8章
自媒体写作的终极目标

第 1 章

写作是有效的自我
增值方式

在自媒体时代的大背景下，拓展自己的赚钱渠道，让自己有工资之外的收入变得越来越重要。对想找些兼职、开展副业或者创业的人来说，在自媒体时代，与其犹豫不决，不如趁早开始，享受自媒体发展的红利。

1.1　我们为什么要在这个时代写作

自媒体写作是一种灵活、自由，且入门轻松、回报高、变现机会多的好选择。

1. 门槛低，人人可做

我有一个朋友小雷，她平时很喜欢看一些情感类小说。疫情期间，在家办公两个多月的她发现可以通过自媒体写作赚钱。在不断地写作、投稿过程中，她的写作水平有了大幅提高。在慢慢有了名气后，有自媒体平台开始找她约稿。即便在 2020 年 4 月返工后，她依旧笔耕不辍，到 2020 年底已经被一些自媒体平台收纳了约 30 篇文章，累计稿酬超过 3 万元。

可以看出，自媒体写作对写作环境无特殊要求，工作时间与工作地点都非常自由可控，是一种容易学习，也容易实操的赚钱方式。

其次，自媒体写作几乎是零成本。如投资实体经济需要大量的前期投资，一旦收益不好，就会有血本无归的风险和压力；而自媒体写作只需要一台电脑，甚至一部手机，就可以开始写作。

最后，自媒体写作的门槛很低，无论你是什么学历、多大年龄，也无论你从事什么职业，都可以成为一名自媒体创作者。

2. 回报高，名利双收

李宗盛曾经说过："人生没有白走的路，每一步都算数。"

而在自媒体写作中，你写出的每个字、每句话，实际上都是一种对自我的提升，只要坚持，你终会获得回报。

我认识的一个四线城市的姑娘小吴，收入微薄，每个月的工资才3 000 多元，但工作稳定，且每天的工作时间也不算长，能把很多时间花在追剧和玩游戏上面。一次，她无意中发现了自媒体写作这条路。她觉得自己既然喜欢看剧，不如写一些相关文章。于是，她尝试在知乎上写一些看电影、追剧的文章。由于她的观察角度独特，且富有真情实感，在发表了数十篇文章后，她写出了一篇阅读量高达 50 万的文章，一度被知乎推荐到首页。

从那之后，她的文章及回答经常被人转载，随着看到文章和回答的人越来越多，她的粉丝数也开始快速上涨。终于在一年后，她的账号吸引了品牌方的注意，品牌方开始向她约稿。随着不断地钻研，她的专业性得到了越来越多人的认可、收入也越来越高。两年后，小吴的单篇约稿的稿费已经达到四五千元。她靠自媒体写作获得的收入早已超过她之前的想象。于是她干脆辞职，全职做自媒体，现在每个月的收入稳定在三四万元。

其实除了小吴，我在自媒体行业待得越久，越是能看到许多原本埋头"打工"的人转战自媒体写作行业，他们大多已经实现了部分财务自由，不需要每个月为了还房贷、车贷精打细算。其中的佼佼者更是基本实现了财务自由，不用朝九晚五地坐在办公室里，只要愿意，他们就可以来一场说走就走的旅行⋯⋯

3. 变现机会多

现在从事自媒体写作的人看起来很多，但实际真正入门的人并不多，而经过系统培训的优秀创作者就更少了。所以，很多平台都在通过给予诱人的福利来挖掘、吸引好的创作者，这使自媒体写作变现的机会较以往更多。

（1）投稿赚钱

微信公众号、简书专题征稿活动、今日头条"青云计划"等都支持创作者通过投稿赚取稿费，稿费从几十元到几千元不等。如一位十点读书签约作家，他从最初被反复退稿到后来能接到稿费为几千元的约稿，也不过才9个月的时间。因此，初期还未运营自媒体账号的创作者可以尝试投稿赚稿费。

（2）广告投放

创作者将今日头条、知乎、百家号等账号运营到一定等级后，可以在文章中插入商品卡片，靠点击量获取收益。有时候，单篇文章即可获得几千元甚至更多的收益。知乎的"好物推荐""知+"等模块也能与优秀的创作者合作，帮助创作者获取更多的收益。

（3）平台奖励

根据百家号"金芒计划"的过往数据，如果创作者能两次进入"百家榜"的榜单，就有机会加入"金芒计划"，成为平台签约作家，创作者获取的流量与收益就会翻倍；如果一个月内能写出百万阅读量的文章，收益即可过万元。

（4）知识付费

当形成自己的 IP，知名度和粉丝数都达到一定水平以后，创作者还可以考虑通过知识付费的模式变现，如制作课程、电子书，开展讲座等，让自己的时间单价变得更高。例如，知乎上一位专门做知识付费的创作者，每个月仅靠出售提前录制好的课程就可以月入 10 万元。

说了这么多，你是不是对加入自媒体写作有一点心动了？

当然，自媒体写作带来的好处不仅是收入的增加，它还可以帮助你提升自我认知，更能改善你的工作及生活方式。

1.2　自媒体写作，你真的理解到位了吗

自媒体写作，以其门槛低而著称，号称"人人都是自媒体，个个都是创作者"。可是，作为新人的你，在进行自媒体写作之前，真的知道它能够给你带来什么吗？

1.2.1　有效认清生存环境，提升自我认知

时间管理课程的创作者段媛说过，时间管理、财富管理和目标管理，目前被认为是决定一个人人生高度和财富值的重要因素。

1. 自媒体写作能使人在大环境中实现自我价值

（1）归整闲散时间，让时间升值

我的一个朋友老刘，现在 35 岁，在某企业从事财务工作，每天的工作时间是 7 个小时，但工作内容对他而言着实轻松。每天上午，他花两三个小时就能处理完当天的工作，下午再处理一些突发的事情后，一天就这么轻松过去了。久而久之，他觉得这样是在浪费生命。于是他在知乎上注册了一个财经类的账号，每天发布财经类的评论或文章。他就这么断断续续地写了两年，虽然不赚钱，但在自己精心撰写的文章被陌生人点赞和评论后，还认识了一些志同道合的人，也乐在其中。

用他的话说，写点儿东西，能有效利用碎片化的时间。

（2）有效规避环境风险，让生活稳定

还是以老刘为例，2020 年年初，他在家办公两个多月，在此期间，他仔细学习和研究了写作的技巧，开始向某些财经类的自媒体账号投稿。由于他丰富的写作经验和稳健的文风，加上有平台的相关高赞文章作为背书，开始有自媒体账号陆陆续续地采用他的文章。不久后，其所在企业开始降薪，一降就降了接近 1/3 的薪资。很多同事都坐不住了，叫苦连天又无计可施。而已经有了一份额外收入的他却镇定自若，因为已经有固定的自媒体账号稳定地向他约稿了，而且稿酬不算低，即便企业薪酬少了很多，他依然可以保持原有的生活水平。

这样的心态也让他在工作的时候有别于其他的同事，表现得更加游刃有余了。他所在的企业一段时间后恢复了原来的薪资水平，由于他优良的表现，额外给予了他嘉奖。

（3）锻炼专业能力，提升自我优势

老刘后来和我聊天，说自媒体写作给了他更多的底气，也让他更加及时地关注财经类消息，对相应的财经知识也有了更深入、更透彻的了解。潜移默化之下，他的工作也更加高效和准确。现在感觉是企业更需要他，而不是他更需要企业。由此可见，自媒体写作有利于培养创作者的专业素养和丰富创作者的知识储备，让创作者无论是在职场外，还是

在职场内，都有更高的价值。

2. 自媒体写作能使人实现自我成长，从而认清自己

马斯洛需求层次理论指明人的 5 种需求由低到高为生理的需求、安全的需求、社会交往的需求、受人尊重的需求与自我实现的需求，如图 1.1 所示。而自媒体写作能使人实现自我成长、认清自己，有效满足创作者的 3 种高层次的需求。

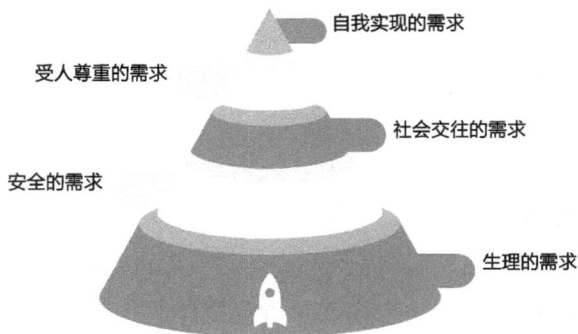

图 1.1　马斯洛需求层次

（1）有效满足社会交往的需求

毫无疑问，任何人都需要通过交流来获取精神上的满足。

如今互联网非常发达，自媒体创作者更容易和粉丝通过互联网进行互动，甚至可以建立自己的社群，聚集志同道合的人。例如某"网红"IP，不但在线下不定期举行粉丝见面会，还在线上出品视频类节目与粉丝互动，促进了双方在知识和情感上的交流；一些网络文学网站也会定期举办创作者沙龙，便于创作者进行交流。

（2）有效满足受人尊重的需求

随着自媒体创作者写作水平和专业度的提高，其专家效应也会越来越明显。

例如知乎上被称为"智能电视界的人形数据库"的蓝某，不仅深受自己的读者信赖，甚至 CCTV2 财经频道都报道过他和他的文章，这使他更加受到了粉丝及行业内人员的尊重。

019

第一章　写作是有效的自我增值方式

（3）满足最终的自我实现的需求

作家陈雪说过，她通过创作抵御创伤、修复伤痛、实现自我成长。写作让她觉得自己被锻造成了一位真正的小说家，走入了自己小说里的"新纪元"。

尼采也说过："聪明的人，只要能认识自己，便什么也不会失去。"

很多自媒体创作者，正是从不断的创作和反思中，逐渐明白了自身的优势，认清了自己接下来应该走的路，从而逐渐实现精神境界的满足，达成"自我实现"的终极目标。

1.2.2　改善工作及生活方式

自媒体写作不仅在宏观层面上让创作者有了更强的适应环境变化的能力，帮助创作者认清自己、提升自己，还会在现实生活中明显改变创作者的工作及生活方式。

下面根据我自己的体验来说明从事自媒体写作后，我的工作及生活发生的巨大改变。

1. 增强在职场中的竞争力

学习自媒体写作，有助于锻炼创作者的思维方式和写作能力，从而使创作者在职场中更有竞争力。

（1）改变思维，思考问题更高效

苇草智酷创始合伙人段永朝说过："伟大头脑的伟大之处，绝不在于他们拥有'金手指'，可以指点未来；而在于他们时时将思想的触角延伸到意识的深海。他们发问，不停地发问，在众生喧哗间点亮'大问题'和'大思考'的火炬。"

这段话说明了思维与思考的重要性。就我个人而言，研究了自媒体写作后，思考问题方式已经更有体系、更系统。例如上级让我写一份项目方案时，我会本能地在头脑中形成包括项目的受众、项目的目的、项目的形式、项目的步骤等内容的框架性结构，然后把它们逐个细化、延伸、落实，最后有效率地完成一份内容丰富且实操性强的方案。

这是我通过长期的写作训练形成的本能化框架思维，这种思维让我在思考问题时条理分明、逻辑清晰，采取行动时步骤明确、有条不紊。

（2）掌握技巧，书写材料更流畅

很多工作都离不开写作，无论是与外界沟通、向上级交付工作报告，还是撰写项目方案。良好的写作技能是职场中必备能力和加分能力之一。例如之前来我部门实习了3个月的研究生小张，虽然他的专业素养不差，但写作能力堪忧，每次让他写一份简单的报告，做一份十几页的PPT时，他都头疼不已，总是磨蹭到最后期限才交。他交上来的内容还要被头疼不已的我反复修改，才能作为一份正式的报告被公司采纳。

后来，在我的帮助下，小张基本弥补了这个短板。我告诉他，写作是有方法的，只要认真学习，掌握方法，写作便不再是一个难题，甚至会成为加分项。跟着我系统学习了3个月的他，已经能够用简练的语言，制作出图文并茂、翔实可靠的报告，还能将PPT和思维导图之类的内容熟练地运用到工作中。

一年后，小张和我联系，高兴地告诉了我他在新单位的发展情况。得益于良好的写作能力，新单位的领导在他实习期通过后，破例给他升了一个职级，涨了薪水，这让他在职场的正式开局后比其他人顺畅了许多。

2. 提高生活的丰富性

人生除了工作还有生活，自媒体写作既可以增强工作能力，也能让个人在生活中获益颇多。

（1）让生活有迹可循

作家余华曾说，他最初写作是为了在自己的人生中留下痕迹，写作就像是人生的经历，没有经历就构不成你的人生。余华用写作让自己的经历和感受真切地留在了每个读者的心中。

自媒体创作者开始写作，往往也是想留住生活里的感动和惬意，让那些转瞬即逝的情感和思想，能够被文字所记录，让那些独特的感受永远也不会消失。

由此可见，自媒体写作是记录生活重要瞬间的一种有效方法。

（2）让生活更加充实

我有一个关系很好的女性朋友做了 3 年全职太太。

她开始做兼职，是因为丈夫的一句不理解的话："我现在工作好累，还是你轻松，只用在家带小孩就好，都不用自己赚钱。"她仔细思考后觉得丈夫一个人在外赚钱也真的很辛苦。于是，她开始筛选各种在家即可做的、低门槛的兼职，她做过打字员，也做过问卷填写员，可是这些工作枯燥无聊不说，重要的是并没有让她赚到多少钱。有段时间，她还做过微商，最后竟弄得入不敷出。直到她有一次和我在网上闲聊后，我建议她进行自媒体写作。

我给了她很多建议，后期帮忙把她推荐给了一些自媒体平台。而她在坚持自媒体写作大半年后，每个月靠自媒体写作获得的收入也有了三四千元。她说关键是自媒体写作很自由、很痛快，让她对生活观察得更细腻，她每天的生活终于变得鲜活而充实了起来。

3. 帮助个人成长及社交

罗振宇说过："写作是通向未来影响力的决定性因素，是为自己打造个人品牌的最好方式，是一种高效社交，更是一种很好的第二职业。"自媒体写作可以增强人们在社交中的表达能力和沟通能力。

（1）增强个人的表达能力

《令人心动的 Offer》中的安静宝藏女孩——詹某获得了不少人的关注。

这个女孩研究生毕业于美国乔治城大学，本科毕业于中国政法大学。温婉乖巧、性格好、学历水平很高的她，却没有被带教律师选作首位实习生。

评审团纷纷认为，这是因为她不会表达。

其他有较高讨论热度的实习生，都很善于在讲述自己经历的过程中，强化他人对自己的认可，让别人记住自己的特点和优势。这虽然看上去体现的是实习生的口头表达能力，但可能和他们提前准备好的文案是有着直接的联系的。

好的口头表达不易，好的文案创作更难。

没有一个好文案，就没有后续让人印象深刻的表达。只有具备强大的写作能力，才能把观点说得更让人信服。学习如何写作，毫无疑问能极大地增强个人的表达能力。

（2）增强个人的沟通能力

人与人之间能够互相传递信息，靠的就是沟通能力。

无论是在职场中与同事、领导、客户沟通，还是在生活中与家人、朋友、爱人沟通，只有将自己的所思所想以正确的方式传递给他人，才能完成情感的流动、信息的增值。《沟通与写作：语言表达与沟通技巧》一书的观点为，增强写作能力可以实现人际间更好地沟通，从而使人提高学习效率，工作效率，在事业中获得更好地发展。

因此，要让自己的思想畅通地表达出来，让自己被更多的人理解和认可，用自媒体写作的方式增强沟通能力无疑是快捷且高效的。

2

第 2 章

三大思维，奠定自媒
体写作成功的基石

万丈高楼平地起，地基夯得越实越深，后续搭建的高楼就会越稳固。自媒体写作也是如此，找准并奠定创作的基石，才是我们最开始要做的事情。

本章将解决如何定位，什么样的平台适合自己和如何提高输出三大问题。相信你如果弄懂了这三大问题、具备了三大思维，一定能奠定在自媒体写作中获取成功的基石。

2.1 定位不能随波逐流

任何一个需要你长期投入的项目，最需要重视的一点就是方向一定要正确。

急匆匆地上手项目，但方向错了，耗费的时间和精力会更多，南辕北辙的后果会更严重。希望靠自媒体写作来增值的我们，首先需要确定的就是找到合适的定位，然后利用这个定位来确定自己今后的发展领域。

2.1.1　从垂直领域寻找定位

记得两个月前，曾经的一个同事小李找到我，问："为什么你才做自媒体一年的时间，就能获得那么多的收入……你一篇两个小时写完的稿子就能有三四千元的稿酬，而我运营微信公众号都快一年了，虽然一直坚持输出，但月收入还基本为零。"

在我具体分析了他的微信公众号后，不由得感叹：定位不清晰，再怎么努力都没用。

1. 定位不清晰，不利于拉新和留存

（1）名字模糊，看不出具体趋向

小李是 2019 年年中开始运营微信公众号的，他在注册微信公众号的时候，还在相关私域微信群里发布了公告。我当时关注了他的微信公众号，但没怎么看微信公众号中的内容。既然他请教我，我就仔细看了一下他的微信公众号中的内容，发现其内容完全没有明确的定位。

他的微信公众号的名字就过于模糊，名为"×××的流浪小馆"。

乍一看，这个名字完全看不出该微信公众号的内容倾向，看不出是关于旅游的、商业的、情感的、美食的、玄幻的，还是仅仅就是随笔。我相信绝大部分读者看见这个名字，对这个微信公众号的风格和内容都会产生疑惑，这十分不利于引流和拉新。读者获取信息形成需求时，会在搜索框中搜索自己想看的内容的关键词，如"考研""美食""旅游"

等。而这个名字若是没有任何表示趋向的关键词，就会降低它进入大众视野的概率。而正确的起名方式应该是"××考研""××旅游"等这种把自己的运营领域指得明明白白、清清楚楚的名字，才不会让读者感到一头雾水。

（2）内容信息繁乱，丝毫没有规律

不得不说，他的确足够用心，保持每天一篇文章的稳定的更新频率，甚至过年都在坚持更新，且每篇文章的篇幅不少于 1 500 字。然而，我研究了他近一个月发布的内容，文章类型包括读书笔记、轻小说（写了一个开头）、热点评论、电影观后感……总之好好的一个微信公众号，被弄得像他的私人日记本一样，想到哪儿写哪儿，你能想象到的类型，他都来了一个大杂烩。

以我的经验，绝大部分阅读者都偏向于关注"发布类型"稳定的自媒体账号，而不是这种"发布类型"丰富多彩的自媒体账号。

举个简单的例子，你因为要健身，所以关注了健身类的微信公众号，想学习一下专业的健身知识。结果发现其创作者更新了两篇健身内容后，就更新起旅游经历来了。你等了一个月，创作者还是没有更新健身内容，那么你还会继续关注这个微信公众号吗？再打个比方，一个读者觉得某微信公众号的小说写得好，哪怕这个微信公众号其间只更新了一两篇与母婴相关的文章，都会让读者大失所望。

因为有需求，所以有关注。

读者在选择关注自媒体账号时具有明显的目的性，要么是兴趣使然，要么是有需求，所以一个自媒体账号的内容一定要能精准地触达读者的需求，而不要想着广撒网，否则即便吸引来了喜欢某一类型内容的读者，他们在看到你不停地更新别的内容后，也会逐渐取关。

（3）泛而不专，粉丝流存率较低

定位不准就留不住粉丝。小李向我展示了其微信公众号后台最近的数据，基本上没有关注后超过 1 个月的活跃粉丝，很多粉丝都是关注几天后就取关了，他的粉丝留存率非常低。而且，他更新的频率越高，起到的负作用就越大。特别是如今人们的阅读方式偏向碎片化，每个读者

都想用最短的时间找到自己最想要的内容，力求提高自己捕获信息的效率，而一个涉猎过于广泛的自媒体账号，对任何个体而言似乎都没有多大的价值。

后面，我通过与小李聊天了解到，他写文章的时候是自己想到什么就写什么。我委婉地提醒他，自媒体写作的核心永远是以读者为核心，你需要了解的是读者的需求，而不是自己无拘无束地"自嗨"。也就是说，自媒体账号必须要有自己独特的定位。否则读者凭什么在众多的自媒体账号里，把自己的锚抛到你这里定住呢？

分析完新手容易犯的定位错误，我们再来看看"高手"们关于定位的认知。

2. 深耕垂直领域，才能在纵横中长远发展

萧文鹏说："曾经是大资本的世界，而今天已经是小垂直的世界。"比起曾经大刀阔斧的定位需求，现在更具竞争力的是细分的垂直市场，为更精准的人匹配更精准的内容，才是如今自媒体发展的主流方向。

（1）纵向延伸，成为领域的专家标杆

心理咨询师武老师凭借自身的教育背景和行业内丰富的从业经验，在 B 站和知乎上都开通了自己的自媒体账号，他发布的内容"单一"而深刻，全部围绕心理学的问题展开。他时而结合热点，解析悲剧背后的心理内核；时而关注社会，为读者分析情感、教育、人际等多方面的心理因素。坐拥百万粉丝的他也曾出书、授课，已然成为自媒体平台中心理学领域公认的专家级人物。

有的新人会觉得如果只做垂直领域，而自己熟悉的那个领域很枯燥、很局限、小众化、不被普通人熟知，是很难获得成功的。但实际上，任何一个行业都是绝大部分人在表面"游荡"，只有极少一部分人深耕垂直领域，而只有深耕垂直领域的人最终才能得到那个领域绝大部分的红利。找准定位，在纵向上提高创作者在读者心中的忠诚度，借助专家效应引流，就极有可能做出一番事业来。

（2）横向拓展，壮大自己的业务规模

有的人认为垂直领域就是顺着一条线一直探索到底，其实不然，很多垂直领域的IP都是在IP效应的基础上建设IP矩阵，在纵向深耕的同时横向开拓业务，逐渐形成矩阵结构。例如2020年口碑创新高的国产电视剧《沉默的真相》，就源于紫金陈的IP小说《长夜难明》，虽然作者一开始仅仅是专注于写小说，但是由于他的小说受众范围广且被挖掘出更大的商业价值，于是引得影视、综艺、品牌各方的合作，让IP不再是单一形式，而是以生态链的形式进入市场之中。

深耕垂直领域是一个由浅入深的过程，同时也是一个从单维走向立体的扩展过程。

3. 如何寻找定位，聚焦垂直领域

对于一个进入自媒体写作的新人而言，让其直接深耕垂直领域也许有些困难。新人遇到的最大问题是不知道该从何入手，其实只要有规划、有步骤，便很容易找到自己的定位。

（1）审视自身，活用专业与兴趣

我曾有幸与某自媒体平台的一位拥有千万粉丝的短视频"大咖"聊天。我问她为什么会选择美妆作为自己的专攻领域，她说自己在上学期间就喜欢研究化妆，虽然那时并不被看好，但是自媒体的繁荣给了她机会，她对各种护肤品和彩妆如数家珍，能根据不同的场景为粉丝定制最贴合的妆容，如今她还接洽了一些商业合作，运营自媒体账号两年的她已经月入达10万元。这位"大咖"从自己的兴趣开始，将爱好做成专业，并为自己带来了丰厚的收益。所以在运营初期，创作者不妨先对自身做一个深入了解，看自己最喜欢什么、最擅长什么，这也许可以在未来成为你的闪光点。

（2）剖析同行，寻求主流定位

叶圣陶说："艺术大都始于模仿，终于原创。"

虽然从自身的兴趣和专业入手是一个方向，但在初期，创作者也许会感到迷茫。例如自己喜欢的方向很多，但不知道哪种定位更容易吸引

粉丝，或内容不符合自媒体文章的逻辑，导致传播率低。在这种情况下，创作者就需要先去看同行是如何运作的。例如自己以后想在旅游领域发展，那就关注 20 个粉丝最多的旅游类账号，剖析每一个账号里阅读量排名靠前的 10 篇文章。在这个过程中，创作者可以摸清同行创作的套路，也能对读者的喜好有更加清晰和深刻的认识。

（3）告别同质化，彰显自我定位的个性魅力

我们分析多个自媒体账号，就会发现当代互联网下内容同质化的现象较为严重，光是定位清晰了，也未必能够脱颖而出。一个好的定位，既要随大流，又要有区别于其他同样定位的账号的差异性。千万不能因为定位随大流，就对同一个热点的解读与其他账号大同小异，出现对观点的输出缺乏独特性的情况，甚至出现洗稿抄袭的情况。真正能收获忠实粉丝的创作者，一定是拥有其他人不可替代的定位细则。

例如知乎上的一位资深创作者，其定位是教育类，而她的个人定位则细化到了如何帮助大学生进行某些名校的研究生备考。其思想之深刻、角度之新颖让她获得了数十万粉丝的关注。她单篇关于考研的回答内容获赞数就能高达数万。通过出书和讲座等获得的收入累积更是突破百万元。

只有告别同质化，让自己的定位既能够获得大众的流量，又能与众不同，才是自媒体写作成功的良好开始。

2.1.2　定位精准的四大优势

下面我们详细阐述定位精准的优势所在，只有定位精准，才能找到精准地指向成功的方向。

1. 集中精力，精益求精

《精力管理》一书中说："精力包括体能、情感、思维、意志四个方面，如果精力运用不恰当，一切事情的效果都会大打折扣。"这句话也可以运用到自媒体创作中，如果能够做到定位精准，那么将能大大提高创作者在精力运用方面的效果，省时又省力。

（1）节约体能

在体能方面，如果定位精准，将大幅缩短搜集素材和整理信息所需要的时间。例如你做的是育儿领域，那么你看过的书、研究过的文献、上过的课都是可以复用的储备素材，这样你就不必重复和浪费过多的体能，在素材获取上。

（2）情感自如

在情感方面，当你专注于一个领域时，你会更自如地调动自己的情感能量，这样能帮助你更好地与人们进行有效交流，培养良好积极的心态。

（3）思维敏捷

在思维方面，定位精准将有助于你锻炼思维惯性并培养直觉，当其他创作者灵感枯竭时，你也可以文思如泉涌，而且你能比其他人有更强的领域敏感度，先人一步地洞悉有潜力的爆点。

（4）意志坚定

在意志方面，常言道"熟能生巧"，定位精准的创作者相比于其他人来说，在面对一个领域的问题时，有更强的解决能力，而这会为创作者带来极大的成就感，有助于创作者在自媒体写作的道路上坚持前行。

2. 精准吸引粉丝，奠定变现基础

经济学认为，没有使用价值就没有价值。这也衍生出了需求理论，没有需求就没有价值。定位精准有助于满足粉丝的需求，而粉丝的需求被满足后将会为创作者带来不可估量的价值。

（1）粉丝活跃度高

有的自媒体账号粉丝百万，可评论区永远冷冷清清，而有些自媒体账号粉丝数只有十几万，但粉丝和创作者的互动度却非常高。粉丝活跃度高的自媒体账号更有利于创作者创建社群及捕获粉丝需求。简书上就有这样一个 10 万粉丝的创作者，其评论区非常热闹，他的方向是 Java 培训，大多数粉丝都会在评论区提一些自己在语言学习过程中遇到的问题，这位创作者总是耐心地解答。

一个定位精准的自媒体账号可以吸引有相应需求的粉丝，因为他们有需求，所以他们足够活跃。

（2）粉丝忠诚度高

一般而言，粉丝活跃度越高，其对创作者的信任感就会越强，且忠诚度就会越高。保罗·蒂姆说："唯有拥有一大批忠诚顾客，企业才能在未来的竞争中立于不败之地。"如果创作者的领域定位足够精准，那么粉丝会有持续性关注的倾向，从而培养出较高的忠诚度。

（3）粉丝付费积极性高

无论是提高粉丝的活跃度还是忠诚度，最终的目的都是希望粉丝具有较强的变现能力。《客服圣经》一书认为，忠诚度高的粉丝会为创作者树立良好的口碑，并且他们会自发地倾情推荐，而粉丝自身也有强烈的收藏意愿。因此，定位精准是吸引忠诚粉丝的前提，忠诚粉丝的价值在于可以为创作者带来巨大的收益。

3. 有效打造 IP，拓展变现渠道

随着垂直领域的蓬勃发展，越来越多的自媒体运营者意识到了打造 IP 的重要性，定位精准有利于塑造具有核心竞争力的 IP，在增强自身魅力的同时也可以拓展变现渠道。

（1）最大化体现个人能力

马斯洛将人类的需求分为 5 个层次，位于最高层次的需求是自我实现的需求，而有效打造 IP 则可以让创作者的个人魅力得到广泛的传播，使创作者的才能得到彻底曝光。

（2）有效建立私域流量

在这个流量话语权高的时代，大家逐渐从公域流量中脱身，致力于建立自己的私域流量。例如一位美妆创作者，仅仅通过微信群中的数万

名粉丝就实现了年流水 8 000 万元的"神话"，并且其粉丝有高达 80%的复购率。

定位精准便于创作者在后期建立自己的私域流量，从而精准地触达用户，促进粉丝裂变，用最低的获客成本获取最高的裂变价值。

（3）具有持续增值的力量

小说《有匪》积攒了大量的忠实书粉，粉丝愿意付费追更新；而后《有匪》IP 又推出付费广播剧，三季均价 20 元的广播剧播放量高达 723 万次；同 IP 的电视剧仅播出半小时，播放量就破亿。IP 的一个最大的独特优势在于它的变现能力具有可持续性，只要基于 IP 不断推出优质的衍生作品，就能形成吸引新粉付费、老粉自愿付费并推广的良性循环。

4. 平台助力，倾斜流量

知乎的"好物推荐"功能会特意邀请特定领域的知名"大 V"参与体验，并设置奖金与流量以扶持和激励其在垂直领域的创作；如果创作者坚持在垂直领域内创作，会提高其账号权重，账号权重的提高让创作者有更多的流量加成机会、开通更多的可变现权益的机会。而百家号每月的百家榜也会对垂直领域内的创作者进行评选，提供认证荣誉、发放补贴、流量倾斜、粉丝赋能、商业变现等多项权益。例如在"综合影响力榜"中位于"体育榜"榜首的一位创作者不仅获得了 20 000 元的奖金奖励，并获得了被全网公示的机会，获得了极大的曝光度。

简书同样会举办很多专题类征文活动，得奖的创作者会获得更多的曝光机会和更高的账号权重，获奖文章会经官方整理汇总公示，这让垂直领域内的创作者能够借助平台的力量迅速成名。

所以，定位精准将会为创作者提供更宽广的发展空间，可以使个人的影响力不断扩大，积累下忠实且购买力高的粉丝，还会使个人得到官方的培育和扶持，获取更多的变现机会。

2.1.3 三大"法宝"，实现点对点定位

下面是我总结的自媒体写作的定位技巧，希望能帮助学习自媒体写作的新人更快地掌握定位方法。

1. 专业优势定位法

《专业主义》一书中写道："专家阶层的势力迟早会增强，并动摇日本的产业界。"

专业的力量正在推动各行各业的进步，其实每个人都有机会成为特定领域的专家，我们要充分发挥自己的专业优势，找到促进自身与事业协同发展的定位。

（1）如何确定自己的专业优势

确定专业优势可以从两个角度来考虑。

一是考虑从你感兴趣的事物入手。对任何事物研究得多了你自然就可能成为该领域的专家。例如我的一位朋友非常喜欢动漫，最近 20 年内的经典动漫他都了如指掌，在从前这是被家人认为玩物丧志的兴趣，而现在却是让他成为知名的动漫设计师的利器，并且他在微信公众号、大鱼号、知乎等自媒体平台上也拥有专门运营与动漫相关内容的账号，其矩阵粉丝目前已有 800 万名。

二是考虑从自己所学的专业或者从事的工作入手。我的一个法学专业的同学硕士毕业后从事律师一职，他在法律领域内的理论知识和实践经验都非常丰富，于是他利用自己的专长在知乎上接受用户的付费咨询，目前该项年收入已超过数十万元。

（2）专业优势定位法的好处

如果是兴趣成就专业，那么在自媒体写作的过程中，创作者的兴趣、专业、工作融为一体，将获得极大的心理愉悦。兴趣驱动的自媒体写作能让创作者更愿意坚持下去并为之花费精力。

而如果是学习或工作所得，那么让专业的人做擅长的事，有利于创作者将其不可替代的经验与阅历更加流畅自如的输出，读者与有意向合

作的商家也会对其有天然的信任感，从而提高转化率。

（3）使用专业优势定位法的注意事项

某美食博主凭借自己出色的厨艺和对美食的钻研能力坐拥千万名粉丝，并且粉丝在观看她的作品时购买率极高，其年收入已超过亿元。

美食无疑是她的专业优势，但这一专业能力并非一朝一夕便可得来。要想打造专业人设，需要具备良好的专业基础，也需要保持那颗接受变化的好奇心。因为社会的发展很快，人们的需求也日新月异，所以专业不能是刻板的专业，而应是适应变化的、拥有较强学习能力的以及具备不断学习能力的专业。

2. 实践定位法

一位结婚后就在家做全职太太的前同事说："我没有什么兴趣爱好，而且脱离学校和社会太久了，现在已经不再具备深厚的专业能力了，像我这样的人如果想做自媒体，要如何定位呢？"我回答她："说难也不难，多试！"

说它难，是因为需要耐心和毅力；说它不难，是因为"尝试"没有任何门槛，万能且实用。

（1）有开始，才有未来

"道虽迩，不行不至；事虽小，不为不成。"

在自媒体红利时代靠写作发家致富的人数不胜数，如果只看着他们成功自己却不展开行动，注定永远只有羡慕的份儿。

在不知道自己的专业优势或者自己不具备专业能力时，首先要培养的是扎实的写作能力，起初可以参考其他爆文的结构，思考它们为什么能够成为爆文，然后开始尝试模仿着写，也许最初效果不佳，但通过长期反复的练习，相信终能够"守得云开见月明"。

（2）有尝试，才有方向

这位全职太太在我的建议下选取了自己较为感兴趣的育儿、情感、护肤、美食等几个领域并开始尝试。她注册了一个知乎号，根据相应领域的热榜问题创作内容，在上述每个领域连写了 10 篇文章。

在这个过程中，她发现自己所写的婚姻情感类的内容的数据比较"漂亮"，而且自己写起来也得心应手，于是她就敲定了情感领域作为自己的主攻方向。

所有的成功都没有捷径，与其迷茫焦虑，不如踏踏实实地动手实践，找到最适合自己的定位。

（3）有实践，才有丰收

目前，这位全职太太已从事自媒体写作两年，她靠着自媒体写作月收入超过 5 000 元，相当于她以前从事一份全职工作的月收入。由于她的文章情感真挚、态度亲和，粉丝数的上涨速度很快。

空谈无出路，实践出真知，实践定位法算是一种"笨"方法，但也是效果非常好的一种方法，特别适合处于迷茫状态的初学者使用。

3. "唯金钱论"定位法

还有一类人觉得自己不仅没有专长，而且也尝试过多次，依旧没有过人的流量和傲人的粉丝数。那不妨尝试一种功利的定位法——"唯金钱论"定位法，看哪些领域赚钱就专攻哪些领域，无法提高自己的流量就致力于提高流量的性价比。

（1）哪些领域可以赚钱

现在的信息逐渐趋于透明化，媒体会报道各种"网络红人"如何月入 10 万元的消息，创作者可以直接在平台中搜索他们的经验，或者了解平台的赚钱渠道并将其作为自己的目标。例如知乎的"好物推荐"功能便是一个拥有超强变现能力的工具，关注官方账号后，其会推荐一些"大V"的文章和活动，那些"大 V"与活动所在的领域就是可以赚钱的领域，如美妆、数码测评、母婴等。

（2）他们是怎么赚钱的

剖析"达人"选择的赚钱领域后，你会发现他们选择的领域都有一个核心的共同点，那就是有受众、有产品。

有受众实现了在"需求"一侧有可以开拓的市场，有消费的终端；有产品则解决了"供给"一侧的推广需要，有消费的源头。

创作者作为连接消费者和品牌方的媒介，如能使得一条完整的供应链成型，资金流自然就有了运转的途径，自己就会有创收的机会。

（3）创作者要怎么做

在这些赚钱领域中，创作者也要有所选择。首先，创作者需要对自身的能力有一个评估。例如一个创作者，觉得自己对数码领域有耐心钻研，也有兴趣进行学习，那么可以将自身的自媒体方向定位为数码测评。紧接着，创作者需要有对比能力和整合能力。数码产品那么多，性能和价位不等，创作者要能够分辨不同产品之间的差异，从而在写干货文章时向读者提供最适宜的方案。此外，创作者还需具备一定的运营能力，了解粉丝的需求并完成粉丝拉新、促活、留存、转化的过程。

以上是3个教你定位的"法宝"，你可以从中挑选适合自己的"法宝"去实施。相信你的自媒体创作一定能够迈出坚实的第一步。

2.2 自媒体平台助力，才是"如虎添翼"

"金鳞岂是池中物，一遇风云便化龙。"如果你可成为盘龙，自媒体平台便可能是你的风云。即便是资深的自媒体创作者，也需要自媒体平台助力：自媒体平台的推荐、流量的倾斜、粉丝的汇聚等，往往直接决定着自媒体创作者的成功。

2.2.1 不同平台，不同要求

下面简单介绍一下常见的自媒体平台。

1. 知乎的要求与特点

知乎打造的是以专业化内容、高学历人群为核心的形象，主流氛围较为专业严谨，内容以长文为主，写回答最好为 300 字以上，写文章则需 1 500 字以上。

（1）以优质问答为基础的综合性内容平台

知乎的综合性体现在它既包括 IP 内容的深耕，也包括知识、答案的获取，还包括热点和文娱话题的讨论。

作为知识内容平台，知乎很注重内容深耕，但其并不局限于专业领域较为学术的内容，也可以是创作者的经验分享和见解独到的问题剖析，旨在为用户传递有价值、高质量的信息。

同时它又是一个问题的搜索引擎，搜索问题的关键词即可获取众多高质量、有指导性的答案。

它不同于其他平台的泛文娱特点，而是从外源热点催生内源热点，能以科学专业的态度来讨论相关话题。

（2）专业性较强，"高知"科普聚集地

知乎的用户具有高学历、高收入、年轻化的特点，截至 2019 年 6 月，在 2.8 亿注册用户中，约 85% 的用户为 35 岁以下群体，约 66% 的用户位于一、二线城市，67% 的用户月收入在 5 000 元以上。

正是由于整体用户的素质较高，知乎内的话题深入覆盖了医学、法律、艺术、经济等各个领域，账户权重较高的用户可以依据自己的专业能力开启付费咨询模块，实现知识变现。

（3）原创是前提，内容是王道

知乎的原则为原创、可信、认真、专业、友善。内容需保证原创，如果转载或引用要遵守知乎的规范，否则会被删除内容或者受到惩罚。

创作的内容需要翔实且注重干货，论述的内容需要详细且无原则性错误，回答要贴合问题且有明确的结论。总之，内容要具有沉淀价值，要符合平台的氛围，具有积极的可传播性。

2. 微博的要求与特点

与其他平台相比，微博最显著的特点是传播快速、资讯简短。

（1）以即时的短资讯为主

微博既是媒体发布资讯的平台，也是大家关注社会热点事件的入口，还是个人发表观点的阵地。一般情况下，重大社会热点事件都是先通过微博传播后，再在其他平台发酵，它具有即时性、快速性的特点。

微博的简洁性十分满足现代人快节奏的获取信息的需求。通常，微博发布的文案不超百字（也有长文），用户可以在最短的时间内捕获信息的重点，所以微博不太适合发布太复杂、过于有深度的内容。

（2）国民关注度高，流量大

微博以社会民生、文娱新闻为主，具有较高的国民关注度。基本上各个自媒体创作者都会把微博作为热点收集的素材库，因为微博的热搜涵盖了各个领域最受大众关注、最新发生的消息。

微博的低门槛、较强的自主性使得微博用户众多，月活跃用户高达5.6亿，拥有巨大的流量池，因此特别适合作为各IP的宣传、引流场所。

（3）传播内容碎片化，传播效果裂变化程度高

微博上传播的内容丰富多样，并没有一套系统完整的体系，微博起到的是信息宣发的作用，而非内容深耕的作用，所以微博如同一个碎片化的素材池，向自媒体创作者提供了众多可参考的素材。自媒体创作者可将体系化加工后且包含自我观点的内容发布到其他平台上。

微博中的每个用户都是内容的生产者、信息的传播者，其信息传播方式为网状传播，具有"病毒式扩散"的分众传播特征。微博是公域流量的代表平台。

3. 微信公众号的要求与特点

微博是公域流量的代表平台，而微信公众号是私域流量的代表平台。

（1）以打造自主 IP、搭建私域流量为主

微信公众号以发布垂直领域的长篇图文为主，风格和调性比较丰富，每个 IP 可以自由定位。相较于其他平台，微信公众号具有较强的私密性，属于用户日常的社交平台。

运营微信公众号时，运营者可以通过建立读者微信群的方式，与粉丝进行更深入的情感交流，增强粉丝黏性，这有助于打造个人 IP，形成私域流量，使流量和创作者完成绑定，源源不断的自生流量最终将形成个人 IP 生态。

（2）熟人网络，传播具有精确性

由于微信用户的好友一般都是其在现实生活中的亲友，微信用户发送在朋友圈的内容也只有其微信好友能够看到。因此如果某微信用户对文章点"在看"或者转发文章时，对应的微信公众号所覆盖的潜在人群都是与该微信用户具有一定情感牵绊的人群。

基于这种情感以及对该微信用户的信任和关注，他的微信好友有很大概率会查看其分享的内容，这样为对应的微信公众号引流就会更加精准。

（3）方便打造社群，促发粉丝裂变

微信群的建立可以把公域流量转化为私域流量，这是一个天然且高效的社群建立方式，不仅成本低，而且也更方便运营者与粉丝互动、进行活动宣发。通常，粉丝对运营者有较强的信任感，所以粉丝的自传播性比较强，裂变的效果也更好。

除了粉丝自愿裂变，运营者还可以通过奖励来诱发粉丝裂变。例如运营者可以通过邀请人入群领红包的方式来激励粉丝裂变，而微信红包又是主流的支付方式，有利于提高粉丝裂变的积极性。

此外，每个平台都有自己独特的风格和取向，创作者要根据平台的风格选择最适合自己的平台，必要时可以多个平台搭配运营，最大限度地发挥出自己的优势，让自媒体写作之路如虎添翼。

2.2.2 专注一个平台还是入驻多平台

下面我们从专注一个平台和入驻多平台两个维度对平台的搭建分别进行说明。

1. 专注一个平台的特点

专注一个平台可以使创作者将自身有限的精力用在关键的地方，只有排名前列，才能获得更大的利润。

（1）适合发展个人兴趣、分享生活

平台只是一个把自己推广给大众的工具，选择什么、怎样选择还是要以做自媒体的出发点为依据。如果是为了记录、分享自己的生活或者想对某个领域进行深挖钻研，则更适合专注一个平台。这样创作者不会因为复杂的运营过程打消自己写作的兴趣，能更沉心于自身的创作中。

（2）精力有限，有利于创作优质内容

我曾在今日头条上看到一位自媒体创作者分享的经验，他说自己之前同时在头条号、企鹅号、百家号等多个自媒体平台发布文章，然而除首发平台外，其他平台均无法申请原创。在精力不支的情况下，其企鹅号账号被企鹅平台扣了分，而被扣分的自媒体账号是无法开通流量主的。

贝弗里奇说过："每一点滴的进展都是缓慢而艰巨的，一个人一次只能着手解决一项有限的目标。"在精力有限的情况下，个人既要精心创作内容，又要费心运营多个平台，难免会分身乏术。最终，要么会导致文章内容粗糙肤浅，要么会使平台上的账号权重无法提高。

自媒体写作注重的是内容，如果想打造高价值IP，吸引粉丝群体，就更要致力于内容制作，所以在精力有限的情况下，创作者应专注一个平台，以便将重心转移到优化内容上。

（3）做专做精，增大被平台扶持的机会

作家袁野（爱潜水的乌贼）在起点中文网连载写作，依靠作品《诡秘之主》吸聚了500万名粉丝，该作品也成为2019年颇具影响

力的作品。

袁野无疑在自己的创作领域做到了领先水平，这正是因为他全身心投入到了更文上，才取得了这样的成绩，并引得阅文集团为《诡秘之主》这部 IP 制作了多个衍生变现产品。

由此可见，只有在一个平台上做专做精，为平台创造商业价值，才能借助平台的力量，拓展 IP 产业链。因此，创作者在选择平台时要选择曝光率高、专业程度高、用户面广的平台。

2. 入驻多平台的特点

专注一个平台有利于做专做精，将 IP 做深；而入驻多平台则有利于做大做强，将 IP 做广。

（1）适合建立 IP 矩阵，提升知名度

2019 年第四届"玉猴奖""年度十大最具商业价值动漫 IP"获得者"某道大叔"深谙 IP 矩阵之道，截至 2021 年 9 月，微博矩阵粉丝近 2 000 万，此外还有网易号、头条号、大鱼号、抖音等多个自媒体平台的 IP 运营，建立了 IP 全域营销体系。

从"某道大叔"成功的 IP 运营经验中可以看出，在多平台进行 IP 运营时，对内可以深化整合内部资源优势，对外可以跨界创新合作，实现 IP 生态体系化运营的闭环。

所以，要想将 IP 做大做强，一定要形成适合需求的、完善的 IP 运营管理体系，基于多平台模式孵化 IP，能衍生更多可以增长活跃用户、促进 IP 变现能力的 IP 产品。

（2）多平台互补，获得最大产出投入比

截至 2019 年 6 月"某道大叔"和约 300 家自媒体平台开展了合作。"某道大叔"由于在多平台同时运营，覆盖面广泛，足以跳出平台流量限制，吸收全域粉丝，将 IP 的效益挖掘到最大。

在自媒体写作中，一稿多发的效率要远远高于单平台发布的效率，可以极大地提高单篇文章的利用率和转换价值，通过利用各平台的优势进行资源整合，形成优势互补，使得单篇文章发挥最大效值。

当 IP 借势多平台影响力扩展后，创作者收获的将不只是文章带来的直接收入，还有流量收入、广告投放收入、IP 产品化收入等。

（3）曝光率高，有利于获取收益

"某道大叔"基于数千万的粉丝基础，不仅取得了文字与漫画的组合形式所带来的粉丝效益，更是基于自身 IP，以 IP 形象、IP 新媒体营销、IP 跨界营销在多个平台创收，已在国内的相关领域占据领先地位，其衍生的 IP 产品包括 3C 配件、毛绒玩具、创意工艺品等数十个品类。

打造多平台有利于提高 IP 的曝光度和品牌发散，实现流量变现和商业价值转化，由内容和流量形成闭环商业模式。截至 2021 年 9 月，"某道大叔" IP 的闭环商业模式如图 2.1 所示。

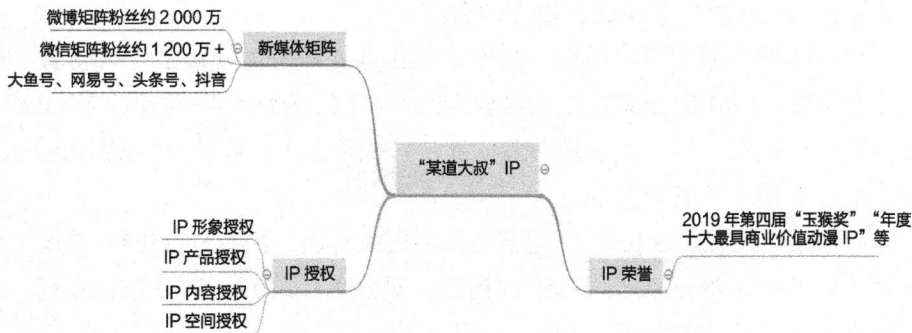

微博矩阵粉丝约 2 000 万
微信矩阵粉丝约 1 200 万 + 【新媒体矩阵】
大鱼号、网易号、头条号、抖音

"某道大叔" IP

IP 形象授权
IP 产品授权 【IP 授权】
IP 内容授权
IP 空间授权

【IP 荣誉】 2019 年第四届"玉猴奖""年度十大最具商业价值动漫 IP"等

图 2.1 "某道大叔" IP 的闭环商业模式

3. 注意适配性，灵活利用平台优势

青藤文化联合创始人兼 CMO 袁海说："对于内容创作者来说，更重要的是在适合的平台做对的内容。"在选择平台时，创作者要打破二元论局限——只选一个或者一定要做多个，应根据自身的发展阶段和运营目的进行灵活选择与调整。

（1）突破局限，万事没有绝对性

从上述展示的案例中可以发现，"专注一个平台"与"打造多平台"各有自己的优势与劣势，对于 IP 发展来说，没有绝对的"专注一个平台"更好,或"打造多平台"更好之分,在每一种选择下都有成功和失败的案例。

在着手进行自媒体运营之前,创作者要打破自己固化的"一条路走到头"的观念,在着手之前先认识自身,例如弄清楚自己现在是否有足够的精力运营多个平台,自己目前所处的阶段只在一个平台里发展是否会受到限制等。只有把握自身状态,列出 SWOT 矩阵后,才能发挥平台优势、规避平台劣势、利用好平台机会、规避平台风险,从而实现灵活运营、突破局限。

(2)多方尝试,找到适合自己的平台

自己精心创作的文章不能随便找一个平台发表,要找效果好的平台发表。什么样的平台算是效果好的平台呢?首先要看这个平台的用户人数是否足够庞大,以今日头条为例,其用户每天产生的互动量超过 2 000 万;其次要看这个平台在行业内的知名度是否够高;最后还要看这个平台的专业度是否够高,例如知乎的定位就是一个专业的网络问答社区。

自媒体写作的初学者应先尝试关注多个平台,例如先在多个平台试发 5 篇文章后统计阅读量和评论数,再把数据较好的平台当作自己起步的平台,专注在这个平台上创作,积攒粉丝和热度,等自己的名声逐渐打响后再开始考虑向多平台进展。

(3)从自己出发,根据自身情况选择运营方式

创作者要明确自己的目的。如果是想靠自媒体写作赚取收益,则专注于单一平台,因为每个平台都更偏好原创首发,在多个平台原创会分耗精力,一旦在某个平台断更,该平台的账号指数就会掉得很厉害。

如果是想赚取品牌效益,则应多平台引流,以广撒网的方式提高知名度。当用户在多个平台都能看见你时,会加深你在其脑海中的印象和专业地位。

如果是个人运营的话,前期最好是专注于单一平台,将内容做精;如果是团队运营的话,则可以明确分工,多平台发展,打造 IP 的新媒体矩阵。

2.2.3　如何选择适合自己的平台

多样化的自媒体平台给创作者提供了丰富的选择空间。新人在涉足自媒体领域前，完全可以结合自身兴趣来入驻相应的自媒体平台。

1. 流量至上的强者——今日头条

今日头条的优点是它不会根据账户等级或者粉丝数等硬指标来把创作者划分成"三六九等"，而是完全以文章质量为判断标准。只要你的文章主题热度高或是文章质量好，今日头条官方都会把它推荐给目标受众群体，其推荐机制也不存在先来后到的问题。

换言之，今日头条中一个刚刚入驻的新手和一个入驻多年的老手，在同一选题下是站在同一起跑线上的，不会被区别对待。这对新手来说是非常友好的，只要你有实力，"一鸣惊人"是非常有可能做到的。

另外，今日头条的流量也非常大，一篇文章一天下来很容易被超过上万人的浏览。所以对阅读量比较敏感的创作者可以选择今日头条作为自己的第一个自媒体创作平台，相信它能够满足你"众星捧月"的心理需求。

今日头条相对于其他平台来说，是变现起步最快的平台之一。其他平台要求账号粉丝上万，甚至数十万才能考虑变现。而今日头条只要求账号拥有上千粉丝并加入原创团队，就可以按照文章的点击量来实现变现。一篇回答如果火了，收入可以轻松破千元。

2. 精英荟萃的殿堂——知乎

知乎的创作者主要采用问答的形式来进行写作。因此对于擅长写剧本或者对话的创作者来说，知乎应该是一个非常对口的平台。

此外，知乎也是高学历人才的聚集地。这里拥有国内众多大学本科及以上学历的"高精尖"用户。

除了各种让人"叹为观止"的写作手法之外，知乎创作者擅长引用资料或例证来强化自己的观点。官方推出的"专业徽章""优秀创作者""盐选专家"等也都在于强调其专业属性。知乎创作者走的是专业路线，用户素质较高，但他们也是很"挑剔"的一群用户。在知乎一篇回答里面若有逻辑错误或者常识错误，可能会引来一群专业的用户来质疑创作者的专业水平，最后逼得创作者灰溜溜地修改或者删除回答。

所以，知乎适合那些专业度较高、文化水平也较高的创作者来大展拳脚。对于那些想要展现实力或者提升自我、打造自己专业人设 IP 的创作者来说，知乎既是挑战，也是机遇。

3. 单价之王——百家号

百家号起步比较晚，但截至 2021 年的地位却已和头条号不相上下，究其原因，百家号有着独特的"地理优势"——头条号在手机端"力压群雄"，而百家号则在电脑端"笑傲江湖"。

百家号能发展得这么迅速，和百度搜索引擎这个平台背景是分不开的。

值得一提的是，百家号在所有自媒体平台中的阅读量收益是最高的。通常，其他平台的每万次阅读量最高只能获益 8~15 元；而在百家号中，每万次阅读量获益 10~20 元还只是普通情况。百家号会根据用户的阅读完成率、广告点击量等数据来调整每万次阅读量的具体收益。

在百家号平台，优质内容、优质账号或有原创标签的认证等会使每万次阅读量的收益有所加成，最多可以达到每万次阅读量上百元的收益。

因此，对于侧重收益的创作者来讲，百家号非常适合赚钱，十分适合创作者在其中深耕，从而获得不菲的收益。

4. 短平快的老手——微博

微博是一家老牌自媒体平台，很多电商"达人""网红"都是通过微博打开知名度的。作为社交媒体的第一阵地，微博的活跃度和用户数都远远领先于其他自媒体平台。

诸如互联网和文娱领域的重大事件大都会第一时间在微博上发布和传播，微博是追踪热点最好的平台之一。微博用户发言非常积极，能够有针对性地进行回复，其圈粉速度也非常快。微博具有的强大的互动性是其他平台无法比拟的。

此外，微博最大的特点是不支持长篇大论的事件报道，而是希望能以金句、概述等短小精悍的形式来发表评论。

因此对于思维比较灵活或者不擅长写长文的创作者来讲，微博非常适合发布灵感、想法或者好词佳句，以吸引读者。

5. 最强悍的私域流实力派——微信公众号

微信公众号是一个闭环的自媒体平台，不像其他平台是把创作者的作品向公众投放，短时间内就能获得大量的反馈，而是只有关注了微信公众号的用户才能接收到消息推送，垂直性极强。这就对创作者提出了极高的写作要求，因此微信公众号非常不适合作为新人的主创平台。绝大部分的微信公众号"大V"都是选择先在其他平台上创作，然后再向微信公众号引流。

微信公众号具有私域性，且给创作者提供了一个筛选粉丝的机会，这使粉丝黏性极高，"铁粉"的比例也非常高。

微信公众号闭环的属性和精准推送的方式，使它能够形成稳定的受众群体。在所有的平台里，微信公众号的变现方式具有多样化的特点，无论是广告分成或带货，还是软文推广，其商业模式都已经非常成熟了。

但是微信公众号对新人来说并不友好。除非你有特殊的新闻来源和独家报道或者能够创作专业度极高的文章，否则靠同质化的内容，你的微信公众号是很难快速吸引到粉丝的。

2.2.4 多平台运营

在对自媒体平台的规则和优势有了初步的了解后，运营多个平台就成了自媒体运营者进阶发展的当务之急。

1. 为什么要进行多平台运营

（1）取长补短，综合发展

从阅读收益到流量规模，各大自媒体平台可以说是各有所长。如果能够综合利用各平台的优势，创作者不仅能够迅速打响知名度，而且能够获得较为丰厚的回报。例如微信公众号的粉丝群体稳定、用户黏性高，但是只能通过朋友圈等方式来扩展受众范围，粉丝增长较慢。这时如果能够通过头条号、知乎等高流量平台引流，就能迅速壮大粉丝规模。

而当头条号文章同质化严重、创作者很难找到新的切入点时，则可以通过微博"大 V"的观点，从他人的角度来解读事件。这样做后，你不仅可以做到立意新颖，还有可能引领热门潮流。

（2）防止抄袭，保护权益

多平台发文很重要的作用是可以防止他人抄袭或盗用自己的作品，这从曾经比较火热的"商标抢注"事件就可以体现出来。

虽然创作者不一定会去其他平台发展，但考虑到未来可能出现的情况，还是应当以主创的身份去维护个人权益，否则后期申诉将是一件非常麻烦的事情。

例如在 A 平台发布的文章，点赞数较多之后，极容易被其他平台上的创作者抄袭，且维权方式烦琐，周期极长。但是如果你有相关平台的账号，第一时间在该平台上发表你的原创文章，就有利于避免其被抄袭。因为各大自媒体平台都会优先处理内部抄袭的问题，对于抄袭其他平台的做法，可能处理得不够积极。

所以，多平台同步发文对于维护版权相当有利。

（3）提高成为爆文的可能性

每个平台的推荐方式各异，而且编辑的喜好和平台的侧重点均有所不同。

例如有的文章发布在头条号上可能阅读者寥寥，但是将其发布在知乎上却很容易成为爆文。同理，也许你发布在微博上的文章只有很少人点赞，但是如果你将其同时发到多个平台上，说不定这篇文章正好就是其中某个平台所偏好的风格，从而变成了一篇极易引流，疯狂增粉的文章。

所以，多平台发文可以给你的文章一个提高曝光度和增加流量的机会。

2. 多平台运营的方法

（1）手动复制

手动复制应该算是最简单的多平台同步发布的方式了，只要你独立地在一个自媒体平台上发布过文章，其他平台的发布流程都是大同小异的，你也应能成功发布。

手动复制的好处很明显，你可以根据不同平台的具体要求对文章进行微调，从而避免文章因格式或排版等问题被拒稿。例如对于图片尺寸而言，在手机上观看时，图片尺寸一般为 500px × 300px 比较合适；而在电脑上观看时，500px × 300px 的图片尺寸就偏小了，需要对其进行调整。这在手动复制时就可以一并处理这类问题，灵活性较高。

这些针对性的调整也有助于文章被平台加量推荐，获得更多专属流量。

（2）官方同步

如果创作者开通的平台数量较多，一个个复制、粘贴将十分耗费时间。目前很多自媒体平台都支持"一键同步"功能，创作者可以迅速把同一文章投放到不同平台。

官方同步的缺点是其普遍只支持本公司系列平台的一键发布，并不支持跨平台投放。例如发布在抖音上的视频可以一键同步到今日头条和西瓜视频上，因为它们都属于字节跳动旗下的产品；而如果想要同步到知乎或者微信公众号上，则需要采用手动复制或者第三方软件辅助的方式才行。所以官方同步只在同一体系下比手动复制有优势，在跨平台时还是有困难的。

如果你是以 Word、MP4 之类的格式进行创作的，大部分平台的创作页面也支持一键导入。

（3）第三方同步

目前很多第三方平台宣称能够实现自媒体多平台同步，大家可以自行了解。但我个人觉得第三方平台同步存在两个比较严重的问题。

一个是存在账号安全性的风险。因为在关联第三方平台时，用户需要提供账号和密码。这些第三方平台并不是官方认证的，在获得账号和密码后，存在通过后台操控你的内容的风险。虽然目前所有第三方平台都宣称不会泄露信息，但如果是重要账号，我还是建议不要托管给第三方平台运营。

另一个是第三方平台的同步质量比较差。这样即使实现内容同步，

掌握写作密码，做好个人 IP：技巧、写法、运营的高能手册

也可能因为排版问题而导致阅读效果很差。

当然，如果你觉得上述两点都不成问题的话，第三方平台同步不仅能节省大量的时间，而且第三方平台会提供数据分析（如阅读量、评论数和收藏数等）功能，便于你进行后期数据统计。

3. 多平台运营的注意事项

（1）合理安排发布顺序

目前，很多自媒体平台在分析文章质量时，原创度都是很重要的一项参考指标。

虽然目前允许同一作者在不同平台发布同一文章，但这会影响各平台对文章原创度的具体判定。因此在发布文章时，创作者应当合理控制发布顺序，优先在权重更高的平台发布，这样才能使自己的综合收益最大化。

这里有个小贴士可以供大家参考。自媒体平台都是用全网搜索来查重的，以确定发布到本平台上的内容是否为原创。例如你要将同一内容发布到 5 个平台上，那么你可以打开 5 个界面，排版修改好后同时点击发布。这样任何一个平台在查重的时候，都会认为你在该平台发布的是原创内容。

（2）根据平台特色对文章进行微调

考虑到不同平台的受众品位，在多平台上发文前，创作者完全可以对文章内容进行微调，以更好地契合对应平台的读者需求。

例如若将文章发布到头条号、大鱼号这种偏好情感观点的平台上，可以适当增加主观感受来树立观点；而若将文章发布到知乎这种比较中立的平台上，则可以增加客观描述。虽然这样会多花些心思，但吸粉效果会更好。

在做这个微调之前，创作者需要对该自媒体平台的爆文进行长期的分析和把握，新人在没有经过系统培训前是很难做到的。

2.3 输入永远比输出重要，请耐心一些

"问渠那得清如许？为有源头活水来。"没有好的源头输入，便没有"天光云影共徘徊"的美景输出。

2.3.1 每一次写作都是从输入开始的

如同奶牛要吃优质的草料才能产出高质量的牛奶，要想输出一篇好的文章，需要首先输入优质的内容。

1. 写作是一个不断输入、厚积薄发的过程

一代文学巨匠曹雪芹花费了10年时间书写《红楼梦》，他在创作的过程中，对饮食、医学、诗书、园林等进行了深刻且细致的研究，做到了心中有数，才能描写得真实入微。

写作从来不是一瞬间的爆发，而是持续输入、厚积薄发的过程。每一篇佳作的诞生，都是从输入开始的。

（1）有输入，才有写作的灵感

当问及不能坚持写作的原因，很大一部分人的回答是"没有灵感"，这种答案其实是自身怠于输入的借口。写作确实需要灵感的加持，而灵感，恰恰来源于输入。

心理学研究证明："任何灵感的产生，都是对生活观察、体验、分析、研究的成果。"写作灵感是个体对某个话题进行长期思考，在大脑中酝酿沉淀后，于某个时间点呈现出来的形式。

因此，灵感是时间赐予积累的奖励，创作者要注重输入，在输入与消化的过程中汲取灵感，开启写作。

如果没有灵感，只能说明你的输入还有欠缺。

（2）有输入，才有写作的欲望

我在简书中看到过一位知名创作者关于写作过程的自述，她说自己钟

爱读书，最初写作的动机是想和大家分享感悟，之后渐渐扩展到对生活的体验和自身经历的记录，然后便一发不可收拾，一年写了近百万字的各类文章。其中相当多的文章被收录到图书中被大出版社出版。

其实，每个人写的文章中都藏着他读过的书，走过的路，爱过的人。正因有这些输入存在，我们才有内容可写，才有情绪需要表达。

（3）有输入，才有写作的能力

"读书破万卷，下笔如有神。"如有神助的文章背后都有庞大的输入体系作为支撑。在自身能力的限制下，创作者很有可能被时间和空间框住，不知道在另一个时间或地点处理问题的方式，此时创作者需要依靠输入来开阔眼界，打破写作的壁垒。

2. 输入的来源与基础

在明确每一篇文章都是从输入开始的后，我们需要找到输入的动力，还要去了解输入的来源与基础，培养输入意识。

（1）生活处处是输入，提高创作敏感度

正所谓"世事洞明皆学问，人情练达即文章。"输入不仅包括阅读，还包括生活阅历、对环境的感受、积累的知识与技能等。

在当今自媒体创作领域多元化的背景下，写作内容的选择有很多，因此我们要注意留心生活、保持敏感，生活中的每个细节都可以成为我们写作的素材。

（2）保持求知欲，形成输入的内在动力

有问题、有分析、有答案，才有最后想要表达的文章内容。

写作的最初一定是有某件事勾起了你的好奇心，驱使你去探寻答案。探寻答案的过程便是你输入的过程，只有保持对生活的好奇、对知识的渴望，你才会有输入的动力。

（3）抑制无效思考，调整自己的输入

哲学家约翰·杜威说过："我们大多数人把更多的时间浪费在了琐

碎的脑海图景，随机的回忆，愉悦但无根据的希望，掠过的、半生不熟的印象中。"

人在很多时间里都处于放空状态，这种状态会削弱我们对周围的人和事物的观察力。因而我们应调整这些放空的时间，从而让自己不至于错失输入的机会。例如坐地铁时与其放空，不如观察其他乘客的行为举止，增强自己的观察力。

3. 构建专属输入系统，落实输入

在落实输入时，创作者要给自己制订输入计划并保证自己能一丝不苟地执行该计划。

（1）确定输入目标，建立输入意识

给自己确定一个目标，周期可以是一天、一周、一个月，目标周期不宜过长，不然很容易形同虚设。例如，可以制订每周读一本书的计划并将其记录在备忘录中，一周后盘点自己是否完成了目标。

（2）确定输入对象，细化输入目标

在制订每周读一本书的计划后，接下来要确定读什么书。

如果本周有写作任务，例如要写关于历史的文章，那你就可以读一本历史主题的经典图书；如果没有写作任务，你只是单纯地想扩大阅读面，那么你可以阅读自己感兴趣的、好评度高的图书。

（3）严格自律执行，实现输入目标

执行是实现稳定且有效的输入的最后一步，也是最关键的一步。《认知突围》一书认为，人的懒惰、放纵源于认知受限，而保持自律和较强的执行力可以有效提升认知高度，进而更有质量地执行计划，形成良性循环。

在自己坚持不下去的时候，你可以给自己设置奖励机制，例如每周读完一本书后就去做一件自己喜欢的事，这样可以形成自我激励，从而提高执行计划的积极性。

2.3.2　了解不同写作时期的不同心态

输入足够了，就可以开始写作了。此时，心态的调整也是十分重要的。

下面讲解不同写作时期的不同心态及其调整方法，拥有正确的心态有助于我们进行自媒体写作。

1. 写作初期，心态要正

好的开端是成功的一半。在写作初期，创作者不要贪多、求快，而要学会摆正心态。

（1）正视得失，溯流而上

一位中文专业、硕士学历的职场人在尝试自媒体写作的初期（头3个月），向千字15~2 000元稿费的平台都投递过稿件，但即便是千字15元标准的平台，也全部拒稿。编辑说他的文章没有达到平台要求，可读性差。

而他并没有放弃，报写作班深造、不断尝试，系统地找出自己的不足，力求每天写一篇文章，篇篇文章都有一点进步。一年后，他终于成为十点读书邀约作者、有书原创作者。

要知道，万事开头难，绝大部分事情都是看起来容易，做起来难。特别是在写作初期，创作者要受得住冷落，挨得过拒绝，专心通过输入增强自己的写作能力，在试错中成长，同时不要轻言放弃。

（2）端正态度，放低姿态

无论你在其他领域有多大的成就，在刚踏入自媒体写作领域时，你就是一个初学者。

你要抱着虚心求学的心态，做任何一件事情最怕的就是眼高手低。"众人皆醉我独醒"的想法是要不得的，你不能固执地认为投稿文章被退是对方不懂得欣赏，而应正视自己的不足。如果刚进入一个领域，你就抱着自负的态度，很难在这个领域取得进步。

（3）做好取舍，精雕细琢

米开朗基罗谈及《大卫》的雕刻过程时，说自己只是在石场中挑了一块大理石，去掉多余的部分后，《大卫》就诞生了。

新人写作时想表达的内容太多，容易造成内容混乱、逻辑不清的问题。新人要对自己的文章"狠"一些，懂得舍弃，不断打磨。要知道，对于新人来说，舍弃内容是很困难的，但是再困难也要去实施，方能去芜存菁，有所收获。

2. 写作中期，心态要稳

大多数的失败源于半途而废，在写作的路上，创作者需要保持坚定、平稳的心态。

（1）拒绝倦怠，稳定输入、输出

在《异类》一书中，作者格拉德威尔提出了 10 000 小时定律：你只要专注做某件事 10 000 个小时，就有可能在该领域达到精通的程度。

如果一个新人能坚持写作 10 000 个小时，不断提高自己的写作水平，那么他在写作上就很可能有所建树。度过写作初期后，很多创作者会丧失最初的热情。在有了一点成绩，陆续写出几篇爆文后，如果后续的文章没有太大的水花，创作者难免会产生怠倦心理，而此时最重要的是克服这种心理，持续增加输入，保障相对稳定的输出。

（2）缓解焦虑，平稳过渡

作家周晓枫说自己的写作过程是孤独且困难的，但是她仍然热爱写作，通过不断地尝试提高自己。

不仅是她，从每一个优秀的创作者身上，我们都可以看到他们在写作路上总会有这么一段时期，有挣扎、有自我怀疑，甚至会出现自我否定的情绪。

迷茫、焦虑的状态出现的原因可能是回馈不理想，也可能是自身存在生活压力。

这时候，创作者应暂时使自己的注意力离开写作本身，将重点放在增强自己的周边能力上。例如去尝试新鲜的事物来增加输入的渠道，切忌浮躁，而应保持耐心。

另一个好的调整心态的方法就是，为自己设置一个基础的定额、定时的写作任务。保持输入与输出的平衡，让写作成为一种下意识的习惯。不谈成绩，只谈是否写出内容，以此来平缓地度过写作中的焦虑期。

3. 写作资深期，心态要勇

心理学家诺埃尔·蒂奇将人的知识技能划分为舒适区、学习区、恐慌区 3 个区域。长期处于舒适区中，创作者将难以精进，并有可能陷入同质化困境。知识技能划分如图 2.2 所示。

图 2.2　知识技能划分

（1）勇于坚守，不被功利左右

毫无疑问，自媒体写作会使资深创作者名利双收，但与此同时，它也会使得很多创作者渐渐忘了自己为何写作，被名利阻挡了向学习区或恐慌区迈进的脚步。

其实无论处于什么样的地位，创作者都不能因为过分在乎得失而错失学习和踏足新鲜领域的机会。只有不断学习，写作才能上升到更高的层次。

（2）勇于突破，打破自我同质化

处于资深期的创作者往往已经形成了自己的写作风格，这时他们会

遇到"文章写出来都差不多"的瓶颈，即自我同质化。

这时，创作者应该勇敢地跳出自己的写作舒适区，迈入学习区或恐慌区，尝试进入不同的领域来突破自我。

（3）勇于挑战，打破行业同质化

打破"自我同质化"是要做到"与自己不一样"，打破"行业同质化"是要做到"与别人不一样"。

业界知名的徐兆正博士针对"创作同质化"的现象，提出这是"先锋精神"衰退的结果。

要想打破这种格局，处于资深期的创作者应重构自己的世界观并锻炼自己的想象力，而不能为了迎合放弃创新。

4. 创作者心态的调整，往往比创作本身更重要

无论处于写作的何种时期，创作者都要调整好心态，持续地输入，不断补充创作养分。

下面是我总结的 3 种好心态，它们能够帮助创作者更好、更快地适应自媒体写作。

（1）木桶心态，有针对性地输入

《哑舍》的作者玄色会有针对性地进行阅读，对"故事流"的文章会完整地读一遍，在阅读"技术流"的文章时，对自己储备不足之处会反复研究。

"木桶心态"是指明确知道自己的不足，知道自己的短板在哪里，然后有针对性地进行填补，以提升写作的整体效能。

（2）求知心态，增加输入广度

见得多，才能跳出局限。输入时要将眼光放远、放宽，多阅读、多观影、多看新闻，学习那些名家，依靠广泛的输入获得更为专业的知识，在高强度的学习中打破常规，重塑属于自己的专业知识体系。

（3）钻研心态，加大输入深度

定位一个领域后，创作者要尽可能全面地查找相关素材并自行进行梳理。

对于具体的问题，创作者要全面且细致地研究，还应该思考其本质，给出自己独特的观点，多问几个为什么，挖掘其深层次的含义。

自媒体领域的垂直化，其实拼的不是谁知道的消息多，而是谁看问题的角度更深入、更独到。

2.3.3　自媒体写作的门槛体现在输入不够

适合自己的输入有什么，也许每个人都有自己的观点。但是基本的共识是，没有输入，就不会有输出。

1. 不知道写什么

知名作家粥佐罗在《学会写作》一书中写道："如果你今天没有进步，没有思考，就不知道该写点什么。"

（1）"巧妇难为无米之炊"，输入是文章的原材料

写作的第一道门槛在于无物可写，大脑一片空白，不知道写什么好。

写作实际上是对接收到的资料、素材进行整理归纳、分析加工的过程，这就如同生产产品，如果一条生产线连原材料都没有配备齐全，自然难以生产出合格的产品。

（2）博闻强识，扩展自己的创作面

总有人认为写作依赖"灵光"乍现，但所谓的"灵光"实际上是在对某件事经过深度钻研后，于某一瞬间产生的联想。只有输入得足够多，质量足够好，我们才能产生源源不断的"灵光"。

因此创作者要保证输入的质和量，扩展眼界，让自己不仅有足够的事物可写，而且可以游刃有余地写什么像什么，写什么都出彩。

（3）有固定的输入获取渠道，缩短搜索时间

建立自己的输入获取渠道，平日多积累并对相关素材进行科学的分类，这样在写作时可以有针对性地去查找，进而快速获取自己想了解的信息。

如果想写情感类的文章，创作者平时就要多收集一些感人的情感小故事和浪漫的场景。如果想写分析类的文章，创作者就可以多收集一些相关杂志文章、自媒体平台上的高赞、高流量回答，并分析其中的技巧，将其分类放入你的资料库内。

2. 不知道怎么写

美国作家萝西娅·布兰德说："写作是可以练出来的，你的灵感源于你的潜意识，你的故事源于你的生活，只要你足够敏感，善于观察，你就具备了成为一个作家的要素。"

从萝西娅的这句话中，我们可以捕捉到一个关键的信息点：写作能力是可以练出来的。

有时我们有了写作的想法，也有了写作的主题（如命题写作），却不知道从何下手，这是写作技巧欠缺或阅历不足的表现，此时创作者可以通过阅读来揣摩名家写作时的技巧。

例如季羡林先生的写作便是从揣摩经典开始的。他在《谈写作》中言明，自己儿时写作文时会参考《古文观止》中的文章，然后仿照着那些文章去组织自己的文章。

我们平常缺少写作思路时，也可以先停下来，去看看其他人对这个主题是如何拆解的。遇到自己认为写得好的文章时，先思考一下它好在哪里，然后用自己的话总结记录下来，之后将相关技巧运用到自己的文章里，熟能生巧后也就解决了"怎么写"的问题。主题拆解示意图如图2.3所示。

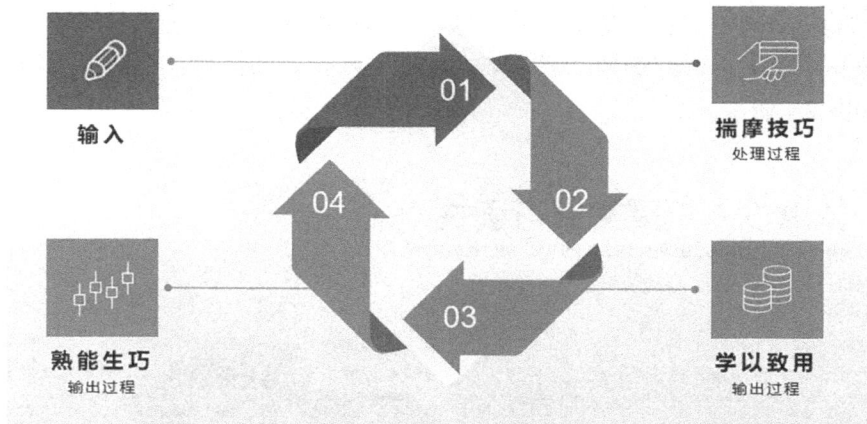

图2.3　主题拆解示意图

3. 文章可读性差

所谓文章的可读性，包括文章的文笔、情感能量、思想深度、逻辑思维等。

有的文章阅读起来给人耳目一新、趣味十足的感觉；而有的文章阅读起来会让人觉得思维混乱、不知所云，读者根本无法把握创作者的思维，更不要谈有所共鸣。

这表明文章不是简单拼凑的文字，而是能透过文字向读者传递信息的载体。可读性差的文章，其创作者要么是素材储备不足，要么是生活阅历不够，或者专业技能不过关等。总结起来，便是输入不够。

例如，我曾见过一篇有关经济学的指导类文章，粗看脉络清晰，实际逐条分析后，不得不吐槽文章中的经济学原理都阐述错误了，且论证薄弱，根本无法支撑得出结论，这样的文章从头到尾都毫无说服力。这样的文章看下来，我就感觉必须得把作者"拉黑"，免得下次看到他的文章受到错误的影响。

这大概率是因为作者对相应的专业知识掌握得不够纯熟，而又强行输出文章。此时，作者应加强自己的输入，即继续补习专业知识，最好是在分享相关文章时先将文章给熟悉这个行业的人预读一下，避免出现低级错误，给读者欠缺知识的观感。

在日常生活中，创作者应学会观察生活，将生活中的感受还原到文章里；也应学会归纳总结，锻炼自己行文的逻辑能力；还应消化输入，在保证输出正确的基础上成为他人新的输入；以此提高文章的可读性，如图 2.4 所示。

依靠输入提高文章可读性

依靠输入，补足自身短板，让自己的文章获得大众认可，有助于文章的传播

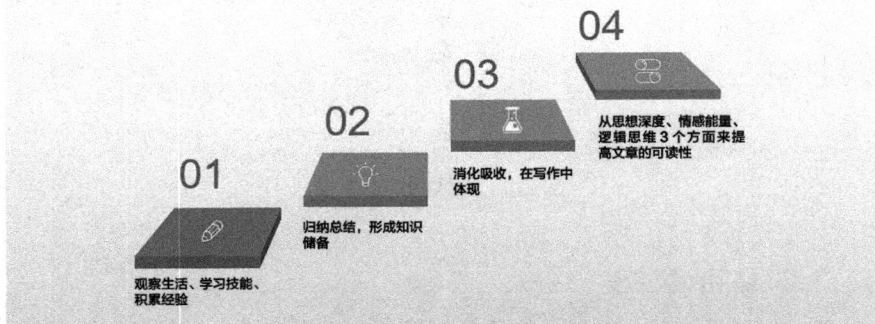

04
从思想深度、情感能量、逻辑思维 3 个方面来提高文章的可读性

03
消化吸收，在写作中体现

02
归纳总结，形成知识储备

01
观察生活、学习技能、积累经验

图 2.4　依靠输入提高文章的可读性

4. 加强输入，跨过写作门槛

若想保证输出，跨过写作的层层门槛，创作者需保持不断输入，这样才能让创作灵感取之不竭，用之不尽。

（1）主观上克服惰性，愿意接受输入

在决定走上自媒体写作道路时，创作者一定要做好充分的心理建设：只有输入足够，才能输出"好货"。创作者要在主观上培养接受输入的兴趣，并能自律地执行输入计划。

（2）高强度输入，保证输入基础

韩寒在其作品《零下一度》中提及他每天上课、下课都在看书，图书馆被他彻底扫荡的学生时代的趣事。

对于许多自媒体文章，仅阅读短短数行就能给人一种作者"饱读诗书"的感觉，正所谓"腹有诗书气自华"，加大输入的强度，才能为输出打下夯实的基础。

（3）高质量输入，保证输入标准

选择往往比努力更重要，选择高质量的输入才会让自己有所提升。《孙子兵法》有云："求其上，得其中；求其中，得其下。"

例如在选择输入的书籍时，可以根据出版社、豆瓣上的评价、作者简介等信息来筛选高质量的图书；在选择自媒体文章时，可以通过作者简介、评论数、转载数、点赞数、流量来大致判断文章的质量。

高质量的输入是一种高效的输入。确保高质量输入，方能事半功倍。

2.3.4 如何让输入、输出的性价比最高

要想成为一个稳定长久、高质量输出的创作者，就必须合理把握输入、输出的性价比。

1. 合理运用"碎片化阅读"的输入，提升输出的多元化

"不积跬步，无以至千里；不积细流，无以成江河。"一点一滴的积累，对于现在绝大多数无法全职进行自媒体创作的创作者来说，是一种主要的输入方式。

"碎片化阅读"是以手机、电子书等电子终端为主要载体的阅读模式，它打破了以往单一靠图书、报纸等纸媒来获取输入模式的局限性，使我们可以更加快速、便捷地获取到需要的各类资讯、信息。

新时代的自媒体创作者应该合理利用"碎片化阅读"的输入时间。例如我们可以利用平时的"碎片时间"，如上下班乘车、吃饭、工作间隙等，获取一些知识或者写作的素材，并随时将其记录在自己的手机内，以备后续整理和创作时使用。

2. 强化利用"随手做笔记"的好习惯，提高输出的落实化

"好记性不如烂笔头"大脑的记忆是有限的，特别是在现代社会，"碎片化阅读"的强势进入令我们了解的信息种类繁多，即便你有再好的记忆，也无法将你听到的、看到的好的词句或获得的好的灵感全部记忆在脑海中，这些阅读信息将无法真正落实为高质量的输出。所以，你一定不要嫌麻烦。在看完一篇动人的文章，听完一首能让你共鸣的歌时，你都要

及时地将你想到的、感受到的内容记录下来。你在做记录的同时，实际上也是间接地把你的输出落到了实处，提升了最终输出的质量。

3. 合理聚焦专攻点，提高输出的目标性

一个人的精力和注意力是有限的，精力和注意力太过分散的、无预期的消遣性阅读就像"走马观花"一样，没有阅读重点，输出也会变得没有要点。因此，创作者一定要有目的性地阅读，而不是一味地阅读和自己的创作无关的"有趣"内容。创作者需要做到以下两点。

一方面，利用多媒体网络这样便利的媒介，找出自身需要弥补或者提升的要点，加以强化和促进，借以提高输出的目标合理性。

另一方面，名家书籍能给你带来高品质的输入，你也可以通过购买电子版以便随时随地阅读，从而吸收其中的观点和思路，作为你的输出参考。

4. 接受"多媒体视频"的输入，提升输出的创造性

与传统文学的通过文字、图片等方式来输入信息不同，自媒体时代可以通过视频方式来进行输入，从而赋予文章、故事更加生动、直接的特征。如知乎、抖音、快手、微信公众号等一些大媒体平台上的视频信息，可以让你从另一个角度来获取自身创作需要了解的灵感与素材。而视频所包含的丰富的信息量，也能让获取灵感与素材变得更为高效。

如果你想写一篇特别的儿童玩具文章，就可以参考知乎视频上的"混乱博物馆"发布的"史上最危险的儿童玩具"视频。该视频详细介绍了这款玩具的特别之处及其教育意义。你可以直观感受和收集到相关的内容和素材，这远比阅读文章说明更全面、更形象。

5. 借鉴他人"系统性阅读"的汇总要点，提升输出的水平

自媒体时代的信息化窗口十分广阔，我们可以通过多种渠道探寻到各种类型的总结性概括文章。

例如很多平台推出了精读摘要、看书摘要。对于一本四五百页、三四十万字的书，你全文阅读可能需要30个小时，然后还要花上几个小时回顾总结，才能提炼出里面的精华素材。但是如果你看摘要，也许只

要花费 3 个小时，就能轻松、直接地吸纳整本书的精华所在。这不仅有助于提升你的创作思维，帮助稳定创作的高水平输出，也能极大地提高输入的效率。

　　例如你想创作一篇关于少儿教育的文章，之前也许你要翻阅很多文献资料、很多同类型的书籍作为参考，然后进行归纳总结，最后在行文得出你的观点。前期收集素材的工作往往十分烦琐，会耗费你相当多的精力和时间。但是现在你完全可以去类似的平台，挑选各类涉及"幼儿教育宝典""教育十大法则"的书籍摘要进行阅读。你看完三五本书的摘要，也许只要几个小时，但是你能有坚实的基础和厚实的输入来支撑你接下来的创作。

　　最后总结一下，输入才是输出的根本。有了高效率、高质量的输入，才能有快速、优质的输出，达到创作输入/输出的性价比的最高点。

3

第 3 章

实战启幕，轰开写
作胜利之门

在突破了阻碍新人入门的重重拦截之后，你会发现，入门后还有很多难关。一篇好的文章在成稿之前，需要精准选择足够吸引自己和读者的选题，需要收集大量翔实且真实、正确的素材，需要确定文章的具体框架是否适合内容的表达。

写作就如同唐僧师徒去西天取经，要经历九九八十一难，历得千辛万苦，才能获得成功。

自媒体写作也一样，选题、收集素材、确定框架等是每一篇文章成稿前都要经历的难关。如何把握其中的规律，从而真正登堂入室，请看接下来的讲解。

3.1 练就选题的火眼金睛

很多平台都有点赞和喜欢的功能。我们在平台上浏览文章时，常常会发现一些"大V"的文章仿佛拥有奇特的魔力，获得点赞和喜欢简直就是轻而易举，随便一篇文章都动辄"千赞""万赞"。

他们成功的秘诀之一，就是选题精准。在那么多繁杂的选题中，我们要如何挑选到合适的、吸引大众的选题呢？这就需要我们练就火眼金睛，找到选题的潜在规律。

3.1.1 常见的选题来源

下面介绍自媒体写作常见的选题来源。

1. 热点新闻和生活日常

当你感觉无从下笔时，跟随潮流总是没错的。古人云："时势造英雄。"我们策划选题时也可以借助时下热点的新闻来吸引更多的关注和流量。热点新闻分为两类。

一类是时间固定的，如每年的节日（如传统节日，甚至是一些电商节、纪念日等）、电影集中上映档期（如国庆档、春节档等）和重大体育赛事（如NBA、欧冠等）等。这些热点每年都会有，给了我们充足的时间来打磨自己的文章；甚至今年写出来、明年也能用，只不过是换了一些内容罢了，非常适合作为那些想要"一劳永逸"的创作者的选题。

另一类是随机发生的，如国家级事件、与知名人物有关的事件、社会大事件等。我们无法预测这些事件什么时候会出现，这对创作者的热点嗅觉、创作效率均有很高的要求。如果你要追热点，就必须对各大自媒体平台的热点榜单时时关注，如微博、今日头条、抖音等，并在第一时间抓住该热点，快速创作出一篇观点独到、文笔流畅的解析文章，这样才能"蹭上"那一波热度并获得流量。

关于"蹭热点"，实际上还有一个先发制人的技巧，那就是关注话题的热度上升期，在该话题还未爆发到最高热度时就选择它来进行创作。

例如当你观察到某事件在短短的几个小时内，迅速从微博热搜榜第72位上升到第18位，热度涨幅惊人。在该话题还未爆发至最高热度时，就可以开始撰写该事件的相关文章，这便有机会获得大量的流量和粉丝。

跟随热点新闻进行选题一定能够引发关注，不过跟随热点者肯定数量众多，竞争非常激烈，对于刚入门的自媒体创作者来说，因为名气和粉丝的缺乏，其创作的文章难免会被冷落。

有时候"另辟蹊径"或许也能收到意想不到的效果，创作者可以选择生活中的一些日常小事，细心雕琢文章，引起读者共鸣，因为这些是"看得见、摸得着"的，是真正贴合人们生活的小精彩。

诸如邻里纠纷、菜价上涨、股市变动等，都可以成为我们的选题目标。我们千万不要"眼高手低"，以为这些选题没市场。只要受众广大，就值得我们为之创作。

2. 发掘自身强项和解答他人疑问

"纸上得来终觉浅，绝知此事要躬行。"

写作有时候讲究的是"贵在真实"，强行涉足自己并不熟悉的领域，很容易被懂行的读者拆穿，从而颜面扫地，"人设"崩塌。

因此在策划选题时，我们可以从个人角度出发，根据自己的兴趣、爱好、强项来确定文章的选题，这样不仅自己写起来非常顺畅，而且文章的可读性也较高。

苏联著名作家高尔基的早期作品都是短篇小说，通常以歌颂英雄人物为主旨。然而那时高尔基只是一个初入社会的作者，可能对于所谓的"英雄"完全没有实感，因此其作品感染力不强。后来，高尔基以自身经历为蓝本，创作出了著名的"自传体三部曲"，即《童年》《在人间》《我的大学》。

举一个例子。如果你是一名高中老师，可以选择"成长路径式"选题。简要言之就是，你可以针对特定读者，以具体方案实施系列选题，真正实现"手把手式教学""从入门到精通"。例如你可以开设一个"高中教育"的微信公众号，它的起点是"高一新生入学"，终点是"收到大学录取通知书"。你可以以时间作为发展轴，以"高一""高二""高三"为时间节点来分别确定文章内容；也可以以角色的进步作为发展轴，从

"学生""家长""教师"的角度来分别制订文章内容。这样不仅能轻易挖掘你的教育专长，且选题十分丰富、垂直度高，可以相对容易地创作出好的文章，快速提升你的知名度。

3. 传统纸媒

虽然自媒体依托于网络和高科技得以迅速发展，但其仅有短短二三十年的发展，在传统纸媒数百年的成熟体系面前，在关于如何进行选题的谋划上，依旧相形见绌。所以，我们可以借鉴那些传统纸媒的选题，做到"他山之石，可以攻玉"。毫无疑问，传统纸媒在选题方面所积累的经验可以说是无比丰厚的，值得我们每一位新媒体人学习参考。例如你想写一些情感、观点类文章，买几本《读者》《意林》，看看上面的作者是怎样思考选题的；又或者你想要写一部中长篇小说，可以到书店看看畅销书排行，或者到图书馆查看借阅书排行，以了解读者的喜好。另外，那些畅销的报纸、杂志依旧品类众多，为什么它们能在网络的冲击下依然屹立不倒，其中也必定有它们独到的选题角度，值得我们仔细分析借鉴，吸纳其选题的经验。

3.1.2　选题要能打动自己，也要能打动他人

选题虽然来源众多，但它们也有优劣之分。

一个好的选题不仅要有广泛的受众基础，更重要的是要能打动人心。

正如《红楼梦》里林黛玉教香菱学诗一样。黛玉道："正是这个道理。词句究竟还是末事，第一立意要紧。若意趣真了，连词句不用修饰，自是好的，这叫作'不以词害意'。"

由此可以看出，好的选题（立意）是文章的根本。只要选题能够深入人心，即便文采、架构等有瑕疵，读者也不会太过在意。

什么样的选题才算好呢？

1. 打动自己：欲要服众，先得从我做起

清代文学家刘蓉有言："一屋不扫，何以扫天下？"

选题也是一样的道理。如果连自己都觉得这个选题寡然无趣的话，

又怎么能指望它能打动他人呢？作者应该时刻意识到，自己是文章的第一个读者。

彼得·林德伯格是英国版 *Vogue* 的摄影师之一。作为世界上历史最悠久的时尚杂志之一，*Vogue* 对林德伯格的作品充满了信赖。林德伯格的摄影作品有种难以言喻的魔力，他能让名模的美做到"清水出芙蓉，天然去雕饰"，也能赋予平凡无奇的街景以朝气蓬勃的生机。当有人问起他最喜欢自己的哪张作品时，林德伯格的回答是"全部"。

或许你会像提问者一样对林德伯格的答案感到惊讶，但我们不妨听听他是怎么解释的：

"是的，我喜欢我所有的作品。不管是人物还是风景，不管是长焦还是近景，我都同样喜爱。

"为什么？因为我在拍摄前都会问自己：你喜欢这个装饰吗？你喜欢这个角度吗？你喜欢这个光线吗？……诸如此类的问题，只要有一个问题的答案是否定的，那我宁可放下相机。

"我对我的每一张作品都很熟悉，我甚至能告诉你当时我是以怎样的一种心情来拍摄的。……艺术就是这样的，如果你自己都对你拍摄的作品不满意，那你又怎么好意思把它展示给观众呢？"

从林德伯格的例子我们不难看出，好的选题一定要先打动自己，然后才能打动他人。

2. 打动他人：换位思考，读者说好才是真的好

写作是一件很主观的事情，有时候某个选题可能会将创作者感动得痛哭流涕，但对于他人来说却无关痛痒。选择选题时最忌讳陷入"自我迷恋"的状态，创作者应该根据自己对读者群体的定位选择合适的选题进行创作。

白居易是我国唐代著名诗人，其代表作《琵琶行》《长恨歌》等都入选了我国中学语文教材，其创作的必背古诗数目更是可以和"李杜"媲美。白居易的诗歌题材广泛、形式多样，最重要的是其立意通俗易懂、这让他获得了"诗王"的称号。

宋代僧人释惠洪的著作《冷斋夜话》记载，白居易在写诗时非常注重阅读体验，他甚至会到读者中去征询意见来修改自己的选题："白乐

天每作诗，令一老妪解之，问曰："解否？"妪曰解，则录之；不解，则易之。"

由此可以看出，无论创作者的写作技能多么高超，还是应该以受众为选题指导；尤其是一开始的选题一旦出现偏差，就容易出现"曲高和寡"的尴尬局面。

如李白有意气风发的《将进酒》、挥洒自如的《梦游天姥吟留别》，但更为传颂的还是那句"举头望明月，低头思故乡"。

因为游子思归是所有人的共同心愿。

这一点也深刻影响了后人的创作，诸如老舍、汪曾祺等作家都是根据当时读者的痛点来确定选题，最终才能更好地大获成功。

既然选题如此重要，怎样才能找到一个好的选题呢？对于刚入门的自媒体创作者来说，有以下两类较容易上手的选题。

（1）民生类

大众生活是永远不会过时的选题，也一定能够收获不少流量。上到国际关系，下到鸡毛蒜皮的小事，都可以成为我们找选题时考虑的对象。此外，民生类选题是十分接地气的，它能够迅速地拉近创作者和读者的距离，容易使读者产生代入感。这就不需要创作者在"打动他人"方面下功夫，非常适合新手写作。

不过我要强调一点，民生类中有关政治的选题，虽然可以写，但技术难度非常高，而且评论一般会两极分化，属于"敏感话题"。因此，这类选题一般不推荐新手选用，即便要选用，在写作时也应尽量保持客观真实，不要掺杂个人主观意见。

（2）情感类

"月有阴晴圆缺，人有悲欢离合。"

感情是社会关系的主要载体，也是无时无刻地存在于我们的日常生活中。相较于快乐、温馨等类型的情感类选题，神秘的甚至是诉苦、冲突等类型的情感类选题更能引起读者的共鸣。例如当下在青年群众中常见的生活型情感类选题，就直击了现今年轻人的痛点：买房、还贷、考研、相亲……青年读者需要通过相关选题的文章表述观点与情绪。

情感类选题有极强的爆发性和冲击力，如果能利用好这些特点打开市场，后续成绩可期。

情感类选题也可以从演艺界事件中发掘素材，一方面大众对知名演艺界人士的生活十分感兴趣，因此这类话题天生自带流量；另一方面这些新闻多是感情纠纷，很容易和生活中的男女交往做类比。所以以此作为切入点，素材是源源不断的。但新手需要注意，切忌进行无端猜测或无中生有的编撰，一切都应该以真实的素材为选题基础。

3.1.3　新奇、实用、普遍、热点等要点，融合得越多，文章越精彩

自媒体爆文的选题，就好比画一个矩阵，将新奇、实用、普遍、热点这4条主要线路的要点理顺，才能描绘出一个符合大众需求的超级选题矩阵。

1. 新奇线路的开辟，使选题更加迎合读者的阅读兴趣

苏霍姆林斯基说过："求知欲，好奇心——这是人的永恒的、不可改变的特性。"

在自媒体时代，创作者更应充分把握读者的好奇心，找准选题的新奇点，吸引读者点击阅读。如百事可乐围绕六小龄童的生平创作了一个让国人怀旧感动的广告。这种选题先通过大众对六小龄童的好奇心，介绍了核心人物和突出事件，之后话锋一转，再讲解百事可乐的广告是什么。整个广告为何会让大家感动？这个疑问点就极大地刺激了未观看的读者，使读者忍不住想去一探究竟。

例如某名企管理者放弃了高薪和大房子，跑去深山居住，这种戏剧性的人生经历，极大地引发了读者的好奇心，让读者心生疑惑：是什么人这么傻，放弃了如此优越的生活，跑去深山居住？

爱因斯坦说过："我没有特殊天赋，我只是极为好奇。"

自媒体创作者应该多选择那些能让读者产生好奇心的选题，通过开辟新奇性线路的选题，找寻别具一格的爆文选题。

2. 实用线路的铺垫，加深选题对读者需求的把握

陈安之说："任何人做任何事情都是带有一种需求。尊重并满足对方的需求，别人才会尊重我们的需求。"

大多数的自媒体读者都希望能从文章中获取对自身有用的信息或学习要点。因此，实用线路的铺垫可以令读者更加实在地感受到文章的价值，从中获益。

例如美国著名心理学家戴尔·卡耐基的《如何赢得友谊及影响他人》是人类历史上最畅销的经典励志图书之一。这种知识点类的实用性选题，阐述了人际关系的技巧，唤起了无数迷惘者的斗志，激励了人们想要取得辉煌成就的想法。

例如关于学习类的选题，"人生最重要的 3 种能力，不是读书能学来的"（知乎相关话题下回答的最高点赞量高达二十几万）。这种观点类的实用性选题，能引发读者的强烈好奇心，让读者想去了解究竟有什么能力不是通过读书学来的，也能吸引那些读书不多的群体去一窥究竟。

自媒体创作者应该对选题的实用性进行必要铺垫，利用自身的经验把握读者的观点和知识需求，提升选题所带来的实用性价值。

3. 普遍线路的拓宽，让选题打入更多不同层次的读者领域，引发广泛共鸣

自媒体创作者应该了解，无论是何种类型的创作，其实都需要拓宽选题的普遍性来提升文章的受众群体面，令更多不同领域、不同层次的读者都愿意花时间去读你的文章。

例如生活类选题，"年轻人活得光鲜亮丽，他们的父母却在低声下气地工作"。这类选题的受众就囊括了年轻人和中老年人，描述了父母对子女无私奉献的爱，形成鲜明对比的是子女挥霍无度的享受，这会让看到这类文章的年轻人汗颜，为人父母者感慨。这种能引起普罗大众情感共鸣的文章会令更多读者忍不住驻足细品。

例如金融类选题，"最新骗局，能瞬间转走卡内所有的钱"。这个选题十分贴近大众，个人信息泄露被套现的事件屡屡发生，如何才能防范此类风险，读者肯定愿意深入了解这类文章。

又例如兼职赚钱类的选题，"葬礼上的哭灵人，日挣 500 元"。这

种易引发关注的特殊职业，高于普通大众薪资的冲击感，令很多读者都想了解一二，能形成其对自身职业规划的反思与遐想。

因此，自媒体创作者一定要对选题的普遍性进行拓宽，让读者能实实在在地融入其中，增强其阅读文章的欲望。

4. 热点线路的角度切入，让选题快速抓住读者眼球

作为自媒体创作者，如果能紧紧抓住热点信息，那么你的文章就已经成功了一大半。因为对于大众读者来说，越新鲜、越及时的焦点资讯，他们才会越优先阅读。

又例如"2021年《民法典》的施行，和我们普通人的关系竟然如此之大"。这种将热点事件切入的选题延伸到民众的法律知识层面，更能迅速地抓住读者的眼球。

因此，自媒体创作的选题，如果能够实时引入热点来点缀，令读者感受到文章具有最新、最"潮"的信息理念，那么，你的文章无疑能够吸引大量的流量和粉丝。

有句名言曾说过："世界上最重要的事情，不在于我们身处何地，而在于我们朝什么方向走去。"

自媒体写作的选题就是如此，即便你有再好的文笔、再优秀的内容，但是如果选题的方向错误了，最后写出来的锦绣文章也会无人问津。

因此，创作者在动笔之前一定要确定好选题，尽量融合新奇、实用、普遍、热点等要点，以便让文章能脱颖而出，让自己有更多的收获。

3.2 收集合适的写作素材，才能有的放矢

确定了选题，下一步就是收集素材。在收集、浏览素材的时候，你也能进一步明确选题方向是否正确，是否能吸引读者的兴趣，引发共鸣。

郑板桥把画竹的过程分为"眼中之竹""胸中之竹""手中之竹"3个阶段，其实这就是确定选题，收集素材，做到成竹于胸，最后跃然纸上的过程。

3.2.1 源于网络的素材

区别于传统媒体，自媒体写作因门槛低，竞争者众多，其创作的一个重要特点就是短平快，必须高效且保质保量。

而在写最常见的热点类文章时，创作者必须在接触热点后的一两个小时内收集、确定能支撑起文章骨架的素材。毫无疑问，这类素材的收集也只能通过网络来进行。

2003 年 7 月，谢因波曼与克里斯威理斯在美国新闻学会媒体中心联合发布了"We Media（自媒体）"研究报告，给出了自媒体的定义：We Media 是普通大众经由数字科技强化、与全球知识体系相连之后，一种开始理解普通大众如何提供与分享他们自身的事件与新闻的途径。

该定义阐释了自媒体的特点，同时也为自媒体创作者收集素材指明了准确的方向。

1. 及时更新，紧追热点

对于一个热点的报道，传统媒体需要经过采集、写稿、审核，直至最后印刷等复杂的过程，成功完成报道往往是在热点发生的 12 个小时后，甚至一两天后。

和以报纸、电视为主的传统媒体不同的是，自媒体借助互联网形成了一套独特的运营体系。这个体系的最大特征就是依靠互联网发展出了众多的相关素材提取点，创作者可以据此快速地提取相关信息，来充实其写作素材，做到"先发制胜"。

根据统计数据，2/3 的重大公众突发事件的第一信息源都是自媒体。那么自媒体创作者应当如何寻找紧跟热点的素材呢？下面提供了几个常用的网络热点素材的提取点。

· 知微事见：事件热度可视化，清晰明了。

· 今日热榜：热点聚合平台，素材众多。

· 微博：热点更新极快。

· 今日头条：新闻快速播报。

以上平台报道的第一手内容，都可以作为自媒体创作者写作、评论、分析文章时所用到的素材。

2. 源于网络，回归网络

传统媒体因为追求权威性和真实性，在很大程度上都是从现实事件取材，极少参与网络上的互动。而自媒体本身来源于网络，故其先天就适合从信息繁杂的互联网中寻找素材。

例如以 2020 年"双十一"为例，用中国 2020 年"双十一"的销售数据与美国同年黑色星期五的数据做对比，再延伸到中国电商在世界上的影响力。大部分网络读者会对此自然地产生共鸣，因为我们大部分人在经历了"双十一"的零点折扣后，其实都变成了"网络人"。而诸如"尾款人""剁手人""打工人"等网络新词也是由自媒体创造出来的，可见自媒体的天然网络属性。

3. 社群文化的互动素材

传统媒体以输出为主要任务，并不过分关注受众对输出内容的评价。而自媒体作为发源于互联网、生长于互联网的新兴媒体，对与受众互动的依赖性远超过传统媒体。

相应的，自媒体在收集素材这方面也会将读者社群考虑在内。不仅是报道事件的本身，有关事件的评论也可以作为自媒体写作的素材，在用其输出观点的同时，也能反映网民的共识。

4. 网络资源丰富

不得不说，有很多专业的素材是很难从线下渠道中收集的。例如要查询 SCI、SSCI、EI 等专业内容，是很难从纸质书籍中获取的，尤其是国外的技术文献及专业数据，往往只能借助网络获取。

不仅如此，随着科技的进一步发展，网络数据库能保存许多年的大量数据。我们既可以查询当前的新闻，也能方便快捷地查询到三四十年前报纸上的旧闻。20 世纪的创作者，如果要以历史数据作为素材，必须得翻阅相当多的古旧资料，才能筛选出所需要的素材。如今的我们只需要熟悉网络操作，就可以很轻易地获得那些已经分门别类的宝贵的历史数据和知识。

所以，自媒体创作者利用网络搜寻素材，不仅是行业要求，也是时代的大势所趋。如果自媒体创作者能够对网络充分利用，就有可能在自媒体这一行业中有所成就。

3.2.2　现实社会的素材其实很精彩

在自媒体时代，利用网络、扎根网络来收集素材，毫无疑问是自媒体创作中重要的一环。但是任何事情都过犹不及，如果自媒体创作的一切素材均是从网络上收集来的，完全不从现实中汲取营养，那么创作者反而容易陷入同质化的怪圈，路也会越走越窄，最后丧失自我的真实风格。

自媒体创作者不仅要把视线放在网络上，更要跨进现实中，要注重对现实社会中选题的提炼和萃取，这样才能让其创作的文章更加真实、深入人心。

1. 描写身边事物与个人经历，从细节中抓取最真实的素材

作为文字类创作者，毋庸置疑，需要做到的最基本的一点就是通过观察身边事物，从生活细节里找寻最真实、最原始的素材，这样才能令读者感同身受，引发共鸣。

著名作家老舍的文章《济南的冬天》提到，"设若单单是有阳光，那也算不了出奇。请闭上眼睛想：一个老城，有山有水，全在天底下晒着阳光，暖和安适地睡着，只等春风来把它们唤醒，这是不是个理想的境界？小山整把济南围了个圈儿，只有北边缺着点口儿。这一圈小山在冬天特别可爱，好像是把济南放在一个小摇篮里，它们安静不动地低声地说：'你们放心吧，这儿准保暖和。'真的，济南的人们在冬天是面上含笑的。他们一看那些小山，心中便觉得有了着落，有了依靠。"

老舍用直白的文笔描绘了一幅济南特有的冬景，给读者呈现了一个富有诗情画意、温婉别致的济南的冬天的景象。这与老舍把身边事物的细节把握好息息相关，也令读者体会到了老舍对大自然和生活的热爱与感悟。文字类创作者需要多从身边事物出发去收集素材，这样更能贴近读者群，令读者身临其境。

例如冰心的文章《小橘灯》："炉火的微光渐渐地暗了下去，外面变黑了。我站起来要走，她拉住我，一面极其敏捷地拿过穿着麻线的大针，把那小橘碗四周相对地穿起来，像一个小筐似的，用一根小竹棍挑着，又从窗台上拿了一段短短的蜡头，放在里面点起来，递给我说：'天黑了，路滑，这盏小橘灯照你上山吧！'"

冰心描写了一个乐观向上的小姑娘，从人物动作等细节着手，生动地为读者展示了一个早熟、坚强、勇敢、乐观、善良、富于内在美的乡村贫苦少女的形象，也为读者揭示了小橘灯蕴藏着的人民心中的希望和火种。

收集这些真实的关于个人经历的素材，无疑能令创作者更加得心应手，准确地表达其想要为读者说明的经历与事件，也能令读者体验到与众不同的感受。

可以看出，身边事物和个人经历所形成的素材，可以启发创作者对文章去进行深入描写，也能够给读者呈现最真实、最贴切的心灵启发和感受。

2. 揣摩与人的交流，从沟通中把握最真实的素材

文字类创作者不能"闭门造车"，应大胆面对真实的社会，多与人交流，从沟通中获得有用的真实素材，再加以创作和提炼。

例如文章《名人访谈——钟鸣》，其创作者通过采访陶艺大师钟鸣来向读者展示陶瓷艺术品的独特魅力，体现了传承人钟鸣的高超陶艺水平与中国陶艺传承的辉煌历史。

若没有和陶艺大师钟鸣进行深入交流和沟通，创作者是无法从最真实的一面了解到钟鸣那独特的陶艺成长之路的。而只有这种真实的素材，才能使文章更加有血有肉，让内容抵达读者的内心。

因此，自媒体创作者如果想有长远的发展，不应"两耳不闻窗外事"，而是要学会走出狭小的生活圈，与更多不同类型的人群交流、沟通，这样才能收集到更多真实可贵的素材。

3. 捕捉社会矛盾，融入自己生活中的素材

社会中存在许多矛盾点，自媒体创作者可以把握这些矛盾的核心，结合自身的实际生活体验，采用以小见大、同类对比的方法来分析，以吸引更多读者阅读。

从现实出发更容易引发读者对自身相关生活经历的联想，从而引发读者的强烈共鸣。

因此，从社会里捕捉社会的矛盾，融入自身的真实体验，是自媒体创作者收集、运用素材的一项非常有效的技能。

4. 事无大小，从积累中收集素材

在真实经历的生活中，每件事情往往是碎片化的、小而单一的。要把这些小的碎片整合成文章真正可用的素材，创作者就需要进行日积月累的合纵整理。

例如知乎里面的一篇爆文《男人为什么要找女人结婚》，这篇文章在知乎的婚姻类问题里面点赞数非常高。它讲述了人们婚前婚后十几年的真实生活，一生平凡而又漫长，人生仿佛是一条波动的曲线，不同的状态下有着不同的收获，而一切的经历和磨难，都只是为了让夫妻的感情更加坚固。文中讲述将一段段真实的经历汇总成了"执子之手，与子偕老"的宝贵爱情，其中真实的点点滴滴才是让读者动容的重要元素。

又例如文章《35 岁失业、65 岁退休，中年职场何处安放？》，其中提示的延迟退休方案早已在社会中被议论多年。创作者从自身出发，用自己在职场的真实情况来加以说明，令读者更加深刻地体会到中年职场的危机感和中年"打工人"的心酸和艰辛。

在收集日常生活素材时，创作者一定要注意事无大小，只要觉得有用的部分，都应该及时记录、积累、汇总。只有这样，创作者最终才能创作出更加深入人心的文章。

3.2.3　内心的感悟可作为素材提炼

奥地利著名小说家卡夫卡说过："什么叫写作？写作就是把自己心中的一切都敞开，直到不能再敞开为止。写作也就是绝对的坦白，没有丝毫的隐瞒，也就是把整个身心都贯注在里面。"

自媒体写作的素材也应该注重用外在映射内在，提炼出内心的感悟。

1. 利用情感的感悟来提炼素材

人都有七情六欲。情感复杂多样，时时刻刻都在影响着人的思维导向。

（1）通过情感的正负变化提炼内心的感悟

人的正向情感包括愉快、信任、感激、庆幸等，负向情感包括痛苦、

鄙视、仇恨、嫉妒等。创作者可以通过不同的感情变化提炼自身内心不同的想法。

例如海子的《面朝大海，春暖花开》。

"从明天起，做一个幸福的人

喂马、劈柴，周游世界

从明天起，关心粮食和蔬菜

我有一所房子，面朝大海，春暖花开

从明天起，和每一个亲人通信

告诉他们，我的幸福

那幸福的闪电告诉我的

我将告诉每一个人

给每一条河每一座山取一个温暖的名字

陌生人，我也为你祝福

愿你有一个灿烂的前程

愿你有情人终成眷属

愿你在尘世获得幸福

我只愿面朝大海，春暖花开"

作者将自己对幸福生活的积极向往和热切期盼深深地融入了清澈又深厚的文字里，这种正向的情感跃然纸上，令人回味无穷。

这就是一种典型的利用情感的变化提炼内心的感悟的方式，然后将其变成写作素材，再经过整理，最后形成脍炙人口的诗句。

不管是正向的积极愉悦的情感，还是负向的悲伤无奈的情感，都需要创作者去真正感悟自己的内心，去提炼和把握自己心底深处的情感，只有这样，才能形成表达自己真实心境的素材。

（2）通过情感的不同主体导向提炼内心的感悟

人作为情感主体，其感受类型不同，其所感知了解的信息就会有所不同，这就包括个人情感、集体情感和社会情感。

例如被誉为"民族魂"的鲁迅，在其作品《故乡》中写道："其实地上本没有路，走的人多了，也便成了路。"

作者充分结合当时的时代背景进行写作，旨在唤醒民众，开辟民族自强的新道路，号召民众不畏艰辛，不怕苦难，勇敢地大步向前。这种具有民族精神的典型社会情感被作者抒发得淋漓尽致，也令读者感受到作者渴望国人冲破奴性枷锁，与黑暗做斗争的内心信念。

自媒体创作者应根据自己文章想要体现的情感导向，利用文字表达自己真实的情感，这样才能令读者真切地感受到创作者内心的情感诉求目标和方向，升华文章的意境和主题。

（3）通过情感的不同目标提炼内心的感悟

情感的不同目标指创作者的对物情感（如喜欢、厌烦等）、对人情感（如仇恨、爱戴等），以及对己情感（如自卑、自豪等）的描绘和修饰。

例如老舍的文章《猫》。

"它要是高兴，能比谁都温柔可亲：用身子蹭你的腿，把脖儿伸出来要求给抓痒，或是在你写稿子的时候，跳上桌来，在纸上踩印几朵小梅花。它还会丰富多腔地叫唤，长短不同，粗细各异，变化多端，力避单调。在不叫的时候，它还会咕噜咕噜地给自己解闷。这可都凭它的高兴。它若是不高兴啊，无论谁说多少好话，它一声也不出，连半个小梅花也不肯印在稿纸上！它倔强得很！"

作者对猫怜惜、无奈、宠爱的种种情感跃然纸上。

这种将利用自身情感提炼的内心感悟作为素材或者引导素材的方式，有助于延伸和提高素材的境界与高度，更容易展露创作者的真情实感，不会让读者觉得文章内容浮夸和虚假。

以上讨论的是情感类的主观感悟可以作为创作素材。除了情感类的主观感悟以外，创作者从内心提炼的对事物的客观感悟也可以作为创作素材。

2. 利用理智与客观的分析来提炼素材

自媒体创作者不仅要简单地将真实数据罗列、整合出来，而且要利用自己的经验和知识对其进行分析，提炼出自己的观点，对该类事物的规律进行自己的判断和总结。

例如文章《千亿打赏揭秘：你的快感被精心算计》，其创作者通过对直播行业的真实数据进行论证剖析，解密了主播行业的暴利和不可思议，切切实实地通过数据来吸引读者，并透露了直播行业背后的巨大利益输出到底是什么原因造成的。

这种对事件进行理智客观的分析，进行更深层次的探讨，经过加工提炼出的素材、提出的观点，才能令读者更加真实地了解到创作者的意图。

例如一篇历史类文章《如何看待历朝历代的奇装异服现象》，创作者通过对历代审美观念的判断来说明不同时代的服装特点和内涵，以此扩展了历史视野和角度，令读者汲取了不一样的感知和想法。

例如一篇教育类文章《一个家庭最高级的"炫富"，是养出懂得感恩的孩子》，创作者通过对几个真实事件进行说明和论证，辩证地指出如何养出懂得感恩的孩子，最终得出自己的结论：真正的家庭教育，重点不在教育而在环境。这种直击读者内心的真实判断，令读者更加感同身受。

一篇好的文章，不仅需要摆出素材，而且需要对这些素材进行一系列的深度加工，从而获得更高级的写作素材。

无论是通过情感加工、理智分析，还是通过逻辑判断来提炼感悟，这一系列过程实际都是一个"走心"的过程，只有经历了这样的过程，才能让你的文章更加深入人心，在众多的文章中脱颖而出。

3.3　文章的框架存在全适用版本

文章的框架也叫文章的架构，如果把一篇完整的文章比作一栋房子，那么文章的框架就是房子的承重骨架。没有承重骨架，房子便不能成形，更别说牢牢立住、岿然不动了。

实际上，绝大部分文章都可以找到一个十分合适，且通用性极强的框架。

3.3.1 如何划分各层级标题

所谓的各层级标题，就是简单地逐级往下划分标题的一种形式。

1. 划分标题，实现作者与读者的双赢

《自媒体写作，从基本功到实战方法》一书的框架可以借鉴到文章中，其框架如下。

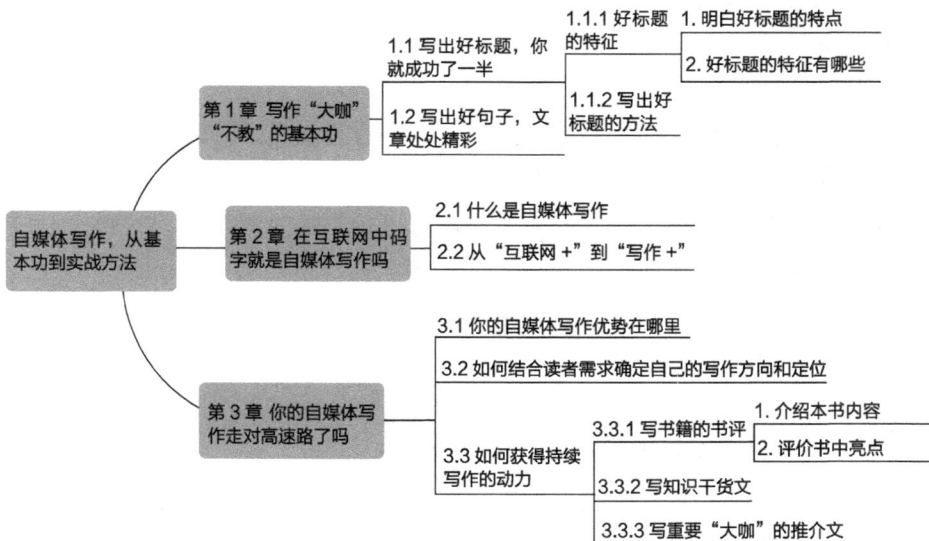

图 3.1 图书的框架示列

（1）从创作者的角度看，把控节奏、引领读者

在图 3.1 的例子中，读者在未进行自主思考时，会习惯性地顺着作者提出的"自媒体写作有哪些基本功？"的问题，在得到"好标题""好句子"的答案后，又跟着作者一起看"好标题的特征"，并通过几个例子归纳出"好标题的特征"，此时作者便达成了把控节奏依靠多级标题将自我思想灌输给读者的目的。

据调查，读者在阅读过程中看到标题时会习惯性地停顿片刻，如果标题内容恰好吸引到自己，才会认真阅读标题下的具体内容。

因此，划分多级标题是引导读者思路、让读者接纳文章观点的有效手段。

（2）从读者的角度看，高效吸收、节约时间

从读者的角度看，阅读分级标题后可以快速明确地知道作者想要表达的逻辑和内容。一些"缺少耐心"的读者看了分级标题后就能明白好标题、好句子等都是写作的基本功。

通过文章的多级标题，读者可以轻松了解文章要讲解的大概内容，会有清晰明了、一气呵成的感觉，能够在头脑中形成知识的框架和层次。

善用分级标题，可以让"懒得思考""没空思考"的读者高效吸收文章内容，从而节约时间，也可以为愿意思考的读者提供讨论方向，增加互动。

2. 文章缺少分级标题，致使作者与读者双向疲劳

曾有一位进行自媒体写作的朋友将自己"精心"写作多时的稿子发给我，希望我提出一些修改意见。我打开他发的文档后，发现他的稿子是密密麻麻的一大篇，没有清晰的分段标识，也没有分级标题，看上去主次不分、脉络不明，让人实在难以厘清其中的逻辑。这实际上也是刚入门的自媒体创作者较容易犯的毛病之一。

（1）对于创作者，不利于行文和修改

很多新人在写文章时总是无从下笔，或者行文效率低下。其原因之一就是没有事先搭建好框架。我在向这位朋友提出修改意见时，由于文章过长，他自己都不能对应起相关联的段落，又得重头梳理自己的思路，给修改过程徒添了麻烦。

故而，如果整体文章较长，创作者一定要为自己的文章划分标题，展示自己的创作思路以方便后续的修改调整。

（2）对于读者，降低了信息获取效率

我在阅读他这篇文章时，很难把握他想要突出的中心，就是因为这篇文章没有划分标题，使文章缺少了将文骨串联起来的那根"线"。

当代网民的阅读习惯偏碎片化、快餐化，因此其在阅读文章时有一定的惰性，大多数人并不想自行思考文章讲了什么，而需要作者很清晰地告诉他们文章的核心和要素。

调查表明，长文的信息量较大，如果不分块整合，很容易致使读者阅读疲劳且无法快速准确地洞察作者的观点，这会造成读者不仅要花费较长时间获取信息，甚至会难以获取有效信息。

3. 学会划分标题，提高文章的可读性

诗人雪莱曾说："虽然写作只花了6个月，构思过程却长达数年之久。"可见，文章的框架对写作来说非常重要，而划分标题是一个行之有效建立文章框架的策略。

（1）自底向上，逐层概括

在完成一篇长文后，创作者可以对每段或者几段关联性较强的内容归纳总结出一个小主题，如这段写的是"图书的重要性"，下一段写的是"图书的亮点"；第一轮归纳完毕后，再将多个小主题归纳总结出一个中主题，如上述两个小主题可以总结为"书评的要点"，以此类推，层层向上总结。

（2）自顶向下，逐级分解

与第一种方式相反，这种方式要先从大类上划分，逐层向下细化，如主题想写"自媒体写作方法"，那就可以分成"写作基本功""互联网码字与自媒体写作的关系""自媒体写作的方式"等几个大模块；"自媒体写作方式"，又可以拆分成"自己的优势""自己的定位""自己的动力"等几部分内容，依次增加"细粒度"，逐层将问题说明得深刻且透彻。

（3）逻辑清晰，呼应主题

多级标题作为文章的骨干，一定要有逻辑性而且要围绕主题展开。分散在文章中的层级标题我们很难看出其是否具有逻辑感，而是应该将文章中的层级标题使用思维导图或者查看 Word 大纲的方式单列出来，通读数遍，以检查层级标题之间的关联性。

（4）善用排版，突出层次

层级标题要注意突出重点。在排版时，我们可以使用设置字体颜色、加粗、增大字号等方式突出层级标题，让文章的层次感更加分明，提高文章的框架感和可读性。

3.3.2　建立文章框架的黄金法则——是什么、为什么、怎么样

此黄金法则是一种非常适合刚入门的自媒体创作者学习的模板，相信即便是简单的模仿，也能为你的文章增色不少。

1. 黄金圈法则 2W1H 框架

此黄金法则是"是什么，为什么，怎么样"框架，可以简称为 2W1H 框架，2W1H 为 What、Why、How 首字母的缩写。

我们先来看一篇名为"什么叫格局？遇到无赖不计较，碰到糟心事别纠缠"的爆文的框架：

● 所谓格局就是，遇到无赖不计较，碰到糟心事别纠缠（What）

● 为什么不要和无赖计较（Why）

● 为什么碰到糟心事别纠缠（Why）

● 建立起自己的价值感，别被无赖破事困住（How）

（1）用"是什么"来引出问题

上述文章就严格地遵循了 2W1H 框架，它的第一段举了两个例子专门在说"是什么"的问题。

第一个例子是，他和领导一起吃早餐遇到了无赖，那无赖讹了他们 100 元钱，领导很痛快地给了。作者觉得不服气便和领导抱怨，而领导打断他，问他报告做完了吗。

第二个例子是他同另一位领导一起出差，遇上了糟心的事，而领导就仿佛没有经历过这件糟心事一样，继续和合作方讨论工作事宜。

创作者紧紧地扣住主题，举了"无赖""糟心事"这两个恰当而真实的案例，贴切地向读者解释了"不与无赖计较是什么""不与糟心事

纠缠是什么"。而这两个小论点又体现了什么呢？它们体现的是领导的格局，也是间接地向读者铺垫，"真正的格局是什么样的"。

所以，"是什么"是用来发现问题、引出问题的，借这个现象作为伏笔，以便延伸展开后续的探讨。

（2）用"为什么"来分析问题

在第一段中，创作者简单地讲了两个小故事并留下了悬念。阅读后，读者肯定会想知道领导为什么会做出那样的行为，而创作者的目的就是使读者产生这样的心理，于是他承接着"是什么"，紧接着告诉读者"是什么"背后的原因——为什么这么做。

作者使用了两段来解释"为什么"这个问题。

对于"为什么不要和无赖计较"，创作者给出了两个原因，分别是"与其计较，十有九输""你改变不了无赖"；对于"为什么碰到糟心事别纠缠"，他同样给出了两个原因，分别是"多数糟心事是无法挽回的""和糟心事计较说明自己正经事太少"。

"为什么"主要是在解释问题，透过现象发现本质。出乎意料的现象会勾起读者的好奇心，而本质的解析会引发读者的求知欲。只有知道了为什么，读者才会真正觉得对这个问题有了全面的认识。在"为什么"的段落中，创作者要不断地用"金句"和案例支撑自己的观点。

（3）用"怎么样"来解决问题

看到了现象，知道了原因，读者就会想知道自己该怎么做才能成为一个有格局的人，怎么才能不被无赖、糟心事所扰。于是创作者给出了方案——建立自己的价值观。

明确自己想要什么，自然不会偏离轨道；知道自己的价值应该用在什么地方，自然就不会浪费时间在无赖和糟心事上。创作者最后顺势推销自己的视频号课程，说投资自己才是最有价值的事情。而读者读完文章后觉得创作者讲得确实有道理，便会对他推出的"投资自己"的课程感兴趣。

"怎么样"是一个对全文总结升华的过程。前文尽可能把问题分析得透彻全面，用"怎么样"来提出一个方法论作为结尾，会让读者有收获。读者有了收获才愿意点赞，愿意将文章分享给自己的社交好友，自然也能为其盈利点（视频课程）增加流量。

2. 为什么要使用 2W1H 框架？

我们用 2W1H 框架来分析另一篇自媒体爆文《普通人提升自己格局的 7 个方法》的框架为例来进行讲解。

- 什么是格局（What）
- 为什么说人打破不了格局（Why）
- 如何打破局限，提高格局（How）

那么，使用这种框架的好处有哪些呢？

（1）逻辑线条鲜明且完整

写文章就像建房子，最难的工作都在前期阶段，工程师需要确定房子的结构，画出图纸。一旦房子的结构确定了，剩下的添砖加瓦的工作便有迹可循，容易许多。

2W1H 框架给人抽茧剥丝之感，能带领读者层层探寻"格局"的本质。读者不需要阅读全文，只需要看看文章的框架，就能大致地知道创作者想要表达的内容及其逻辑脉络。

（2）站在全局角度安排写作

2W1H 框架的一个优点是能强力地抓住主题。一旦创作者搭建好框架，就基本确定了写作的方向。创作者能明确地知道第一部分的要素是一个能展现格局的正例或反例，第二部分要素是收集能够解释"为什么说人打破不了格局"的素材，第三部分要素是提出解决问题的方法。

从头到尾，创作者都能够从全局的角度明确自己该写什么、怎么写，这大大提高了写作效率。

（3）吸引粉丝，提升流量

"美人在骨，美文在型。"文章的框架从整体上奠定了文章的可读性。读者只有知道你在写什么，才能进一步思考你写得好不好。

2W1H 框架简单实用，能够增强文章的视觉呈现，帮助读者快速地理解文章内核，准确地接收创作者想要传达的信息。

3. 怎样合理使用 2W1H 框架

2W1H 框架是逻辑感很强的一种结构，特别适合新人创作者使用。虽然它看起来结构简单，但在实际的使用过程中，还是要注意以下两点。

（1）要保持整体的统一协调性

因为使用 2W1H 框架的文章的逻辑很清晰，所以文章一旦出现逻辑漏洞，也很容易被读者发现。创作者在填充素材和提出观点时要注意协调性，不能前后矛盾。

例如有一篇文章的观点是大平台机会多，找工作应该首选大平台；而创作者举的例子却是"蔡崇信放弃投行高薪，去阿里赚 500 元的工资"。那时的阿里还是一个只有几十人的小公司，这个例子明显与文章的观点不符。

（2）行文应简单明了，富有逻辑

2W1H 框架主要适用于观点类、科普类、干货类的文章，要求行文脉络要清晰，不要堆砌太多的数据和案例，重在解说和陈列干货，如果掺杂太多其他元素，就容易干扰主体结构。虽然数据和案例会对文章起到支撑作用，但强干弱枝更重要。如果这些辅助素材太多，就会让读者失去阅读重点，看了一半仍觉得云里雾里，不知道文章到底要表达什么。

3.3.3　常用的五个文章的框架，总有一个适合你

下面介绍常用的 5 个文章的框架，也称文章结构，是写作时较为常用的模板。

1. 总分总结构

总分总结构是在开头提出论点，在中间列举若干论证内容，最后在结尾总括点题。

大家对这种结构是不是有一种莫名的熟悉感，因为这是我们小学时候第一次接触作文时，老师最先讲解的一种文章的结构。时至今日，因为总分总结构简单易懂，它依然是我们最容易掌握的结构之一。它还是

无论套用在哪种类型的文章中都基本可以使用的万能结构。

例如一篇爆文《离开北京三年后，我后悔了》的开头如下。

"作为一个两次离开北京，并且已经再次离开、在可预见的几年内也不太可能回北京，以后恐怕也没有机会回到北京生活的人，我想说一句：离开北京三年，我后悔了，肠子都悔青了。"

创作者在开头便告知了读者全文的重点，"离开北京，我后悔了"。文章中间承接开头的问题，道明创作者在北京承受着巨大的压力，如工作的压力、买房的压力等，导致无法享受生活本身的乐趣，因此离开北京，却发现一旦离开，就再也回不去了。

文章的结尾点题总结："年轻人，千万、千万别被高房价吓退，否则，几年以后，你可能也会像我一样，追悔莫及。"创作者的写作目的是劝告读者在该奋斗的年纪就要努力奋斗，而不要去寻求安逸。

2. 并列式结构

并列式结构是围绕中心论点，从不同角度提出问题，将各问题平行并列，分别论证。

例如毕淑敏的《精神的三间小屋》，便是将拥有一颗大心的3个条件比作修建3间小屋："第一间，盛着我们的爱和恨""第二间，盛放我们的事业""第三间，安放我们自身"。

这3间小屋存放着3件不同的东西，但它们是以不同的角度并列存在的。使用并列式结构行文的优点是可以使文章层次分明，每个层次的内容并列存在，如同一个货物架一样，可以让读者方便地阅读每一格的内容，而不受其他格子的干扰。

3. 对比式结构

对比式结构是把两种人或事物、同一人或事物的前后不同的方面组合在一起，进行对比。巧妙地使用对比式结构行文，会给读者留下深刻的印象。

例如鲁迅先生的《拿来主义》一文是在"送去主义""送来主义"的反复比照之下，引出中心"拿来主义"的。只是"送去"，那是变相地卖国；一味地接受"送来"，则会受到外来文化的侵略，所以"送去"与"送来"

均不行，"我们要运用脑髓，放出眼光，自己来拿！"我们要"拿来"。

以对比式结构行文，在文章多个主体之间的对比下，各主体的特点就会愈加清晰与明显，能够使读者更容易理解创作者所表达的核心。

4. 递进式结构

递进式结构是按照事物或事理的发展规律以及逻辑关系，一层一层地安排组织材料，层次之间是深化递进的关系。

我们比较熟知的以递进式为结构的文章是《劝学》，从"青出于蓝""冰寒于水"这些现象，来引出"君子博学而日参省乎己，则知明而行无过矣"的观点。

接着，作者以自身经历"吾尝终日而思矣，不与须臾之所学也"为例，得出"君子性非异也，善假于物也"。这就是在第一个观点上递进的第二个观点。

最后，作者提出解决问题的关键是要有"积土成山""积水成渊"的学习态度，这就是递进分析得出的最终观点。

以递进式结构行文的优点是，文章更加缜密，能更好地揭示事物内部的因果关系；一层层递进，使读者能够透过现象看本质，对读者具有启发性，适用于写深度观点文。

5. 解题结构

解题结构是围绕标题提出的问题来行文。这种类型的的文章很容易吸引读者来阅读，例如"冬日如何养肺？"毫无疑问，利用这种结构最多的可能就是知乎了，每天用户都会在知乎上抛出无数的问题，让各类专家来回答。

作家魏巍在《谁是最可爱的人》的第二段写道："谁是我们最可爱的人呢？我们的部队、我们的战士，我感到他们是最可爱的人。"然后，作者以一个故事为例，解释自己为什么觉得战士是最可爱的人。

这样抛出一个问题，然后以解题结构行文，容易激发读者的求知欲，让读者的思想紧跟创作者的核心。因为从始至终，文章的核心都十分确定，那就是一切都围绕着提出的问题作答。

4

引燃爆文的薪火

如果你发文的后台有阅读数据分析的功能，你一定可以看到阅读全文的读者占全部读者的比例有多么低。一篇两三千字的文章，阅读一半内容的读者可能都不超过 50%，而阅读全文的读者真的可以用"凤毛麟角"来形容。

自媒体阅读的这个显著特性，更是凸显出了前面"三把斧"的作用，也就是标题、开篇和内容一定要吸引人，否则读者很可能扫了几眼文章，立马弃读，你的文章自然就不可能成为爆文。

纵观所有的自媒体爆文，无一不拥有着强悍的标题、精彩的开篇和满满的干货。这 3 个要素越齐全，文章爆红得就越久，力度就越大。

4.1　如何用标题吸引读者的目光

有句名言是，"好的标题不仅是成功的一半，而是一大半"，广告大师大卫·奥格威也说过，"阅读标题的人数是阅读正文的人数的 5 倍"。

4.1.1　一个好的标题是成功的一半

在自媒体写作中，一篇文章成功与否，可以从它的打开率和转发率来判断。

转发率由内容决定，而标题可以决定文章的打开率。所以说，如果标题取得好，那么这篇文章就会成功地吸引读者点击进去阅读内容。

一位 300 万粉丝的自媒体创作者说，她写文章时，花在标题上的时间要占到全部写作时间的 95%。

乍一听，这个数据很夸张，但是事实上的确如此。基于深厚的知识积累，她只要确定了主题和框架，花一个小时就可以完成一篇千字文章。可是在标题的拟定上，她却是谨慎又谨慎，要先列出几十个她能想到的标题，然后一个接一个地排除，直到最后留下最好的那个。

在现代化社会中，无论是用手机还是用电脑阅读，读者打开一个页面，都会被巨大的信息量充斥着、包围着，一眼扫过去可能会看到十几二十个标题，平均在每个标题上的停留时间不会超过一秒。如果一篇文章的标题无法吸引读者，那么读者是不会点击标题浏览内容的。

我们先来看一组标题。

● 如何使用思维导图

● 教你轻松学 Python

● 如何使用讯飞语记

● 如何使用思维导图，让你的记忆能力增强 10 倍

如果你是读者，你会选择打开哪一篇文章，毫无疑问大多数读者会选择第 5 篇。因为只有 第 5 篇文章的标题明确地说明这篇文章能为读者带来什么。第 5 篇文章的标题中有工具，又有结果，会让读者产生探索的欲望。而其他几个标题平铺直叙，只介绍了使用工具的方法，没说前

因后果，让人不知道学习了这些工具到底有什么用。

我们再来看一组标题。

●带你读懂《国富论》

●陪你读《资治通鉴》

●一起看《红楼梦》

●《水浒传》里的梁山好汉，在《三国演义》里又是什么水平？

我们可以看出，第4个标题用对比和穿越这两个元素充分勾起了读者的好奇心；相比之下，剩下的3个标题十分普通，毫无特色可言，《资治通鉴》《红楼梦》我自己也可以看，为什么要和你一起看？

有一个创作者在读了《装台》这本书后，写了两篇文章，标题分别如下。

●看了《装台》原著，比起刁大顺，他哥刁大军的生活才值得羡慕

●看了《装台》原著，不得不承认刁大顺才是我们劳动人民的骄傲

第1篇文章的阅读量为40.5万，而第2篇文章的阅读量仅为1.3万。她一开始很疑惑，因为从内容上来说，她认为第2篇文章写得更加感人，自己在写这篇文章时竟然无法控制情绪，哭得稀里哗啦。

仔细琢磨后，她意识到是自己的标题取得有问题。第2篇文章的标题"鸡汤味"太过纯正浓郁，让看惯"鸡汤"的读者觉得无趣，自然不想点进去阅读文章。

一些刚入门的自媒体创作者写的标题直白无比，口语化严重，简直就和写日记差不多，例如下面这组标题。

●今天和男友吵架

●结婚五周年纪念

●在考驾照的过程中，情绪真重要啊

这类标题只适合自己看，它们可以让自己知道自己做了什么事。也许对于创作者本人来讲，这样的标题一目了然且意义非凡，但对于读者来讲，这类标题不能说明文章能为读者带来什么，且让读者有一种围观创作者的生活琐事的感觉。读者想看的是自己需要的内容，而不是创作者的生活日常。

同样是以与男友吵架为主题的一篇文章，其标题为"与相处7年男友分手：所有的情侣，都该注意这3个问题"。

这个标题就比前面的标题好太多了。信息量足，能勾起读者的好奇心，更能满足读者的需求，读者会想知道创作者说的 3 个问题指的是什么，因为可能对其有参考价值。

除了平淡外，还有个比较严重的问题是标题起得太"飘"，无法给人感同身受的触动，例如下面这组标题。

● 贷款的套路

● 清朝伟大的女天文学家、科学家王贞仪只活了 29 岁

● 我们的未来需要有创造力的孩子

读者看到这些标题的第一反应是，这和我有什么关系？读者既不感动，也不感兴趣。

而与之相对的，一些阅读量 10 万 + 的标题如下。

● 8 分钟被骗走半生积蓄，2020 年最新曝光的贷款骗局

● 她只活了 29 岁，却被世界学者仰慕了 200 年

● 8 岁被央视点名，15 岁保送清华：未来 10 年最有出息的孩子，都来自这种家庭……

一经对比，标题高下立见。好的标题要能调动读者的情感，让读者与和自己无关的事情形成关联，对其有所感触。

还有一些标题，写出来不知道是给谁看的，例如下面这组标题。

● 这样子，很赚钱

● 调节情绪，懂得转弯

● 你不能不知道的技巧

● 学会这些，就会成功

在拟定标题时，创作者一定要先想清楚，你的文章想让谁看，他是什么年龄、什么职业，他有什么难题。

上面这组标题，创作者在文章发布前很明显没有考虑清楚受众的范围。

看到第 1 个标题后读者可能会想问：能让什么样的人赚钱？是高层领导者还是新入职的小白？是有所积累的中年人群还是存款较为薄弱的年轻群体？同理，后面几个标题都存在受众指向不明的毛病，读者会觉得这和我没啥关系吧，从而不会点击标题。

标题最主要的任务就是勾起读者点击文章、阅读文章的兴趣，因此

拟定一个能吸引读者的标题是每一个自媒体创作者都必须学习的基本功。

下面我们将详细介绍火遍互联网的"爆款"标题的十大拟定技巧。只要你使用了其中一种或者两种技巧，相信你的标题一定能够吸引足够的视线，让读者情不自禁地点击阅读。

4.1.2　爆款标题的拟定技巧1：设置悬念

自媒体文章的标题最忌"千人一面"。设定悬念式的标题则能有效避免这一点，吸引读者的目光，令读者回味无穷。

1. 什么是设置悬念

设置悬念是文学创作中的一种表现手法，其通过一个疑问或矛盾冲突来吸引读者层层深入。

（1）设置悬念能引起读者急切期待和寻找结果的心理需求

例如标题"谁是最可爱的人？ 18 岁的她还是 30 岁的你？"这种直接提问式的设置悬念，能够引起读者寻求答案的心理欲望。

（2）设置悬念的本质在于激发读者阅读的兴趣，提升文章的意境

例如标题"1+1>2？数学原来是这样的。"这种反经验式地设置悬念，不仅能使读者更感兴趣，还能提升文章的内涵意境。

（3）设置悬念的根源在于突出文章主旨及人物形象

例如标题"清洁工，21 世纪的高薪工种"，突出的就是谁可以成为清洁工，这样的标题更能吸引读者去细读文章。

2. 为什么要设置悬念式的标题

设置悬念式的标题是在标题中布下悬念，使读者产生好奇心而去阅读正文。

（1）引起读者对文章的思考，使其更想一探究竟

例如标题"你有权利做穷人？"，这种引发人好奇心的提问式的标题比一般罗列陈述的标题更吸引眼球。

（2）引发读者对文章的共鸣，使其回味无穷

例如标题"水果坏了，你是吃还是扔？"这是反问式的标题，可以令读者最先想到自己的处理方式，再从文章中引发共鸣，进一步了解各种水果应如何更好地保存。

（3）满足读者对文章的好奇，使其产生遐想

例如标题"公交司机为读书的小女孩亮灯，她留下一张字条看哭网友"，标题中设置了事件情节上的悬念，令读者对文章接下来所要叙述的事情产生好奇和无限遐想。

3. 使用六何分析法（即 5W1H 分析法）来分析与设置悬念式的标题

六何分析法是一种思考方法，也是一种创造技法。它在企业管理、日常工作生活和学习中得到了广泛的应用。通过运用这个方法，我们能很好地设置出更加优质的悬念式的标题，能更好地把握文章的精华和要点。

（1）对象（何事 What）分析法

针对文章要写的事情来设置悬念式的标题。

针对文章的具体内容来设置悬念式的标题，可以使读者第一时间了解到文章所要讲述的事件。这类标题非常直观，同时也带有疑问，能使读者想继续了解事情的经过。

（2）场所（何地 Where）分析法

针对文章出现的地点、环境来设置悬念式的标题。

在文章标题之中加入文章主题的地点或者环境的悬念，可以满足读者对特定区域进行了解的需求，使读者简单明了地了解文章所要点出的主题。

（3）时间（何时 When）分析法

针对文章发布的时间来设置悬念式的标题。

很多热点文章都具有时效性，设置悬念式的标题更能吸引大众，读者会认为你写的文章走在了时代的前沿，可以从标题中非常迅速地捕捉到时间要点。

（4）人员（何人 Who）分析法

针对文章出现的人物、责任人来设置悬念式的标题。

直接利用文章所要说明的人员设置悬念式的标题，更能强化人物事件的冲突与矛盾。

（5）原因（何因 Why）分析法

针对文章说明的原因来设置悬念式的标题。

这种原因的说明可以通过能引起好奇感的关键词来进行强化说明，让读者带着疑问去读完整篇文章。

例如李玉山的高考满分作文《五镜争功》，作者所拟的标题就是一个悬念式的标题。一看标题，读者就会产生迫切的困惑：什么是"五镜"？他们争的又是什么功？结果如何？有了能引起好奇感的关键词"五镜"，读者不太会拒绝去阅读这篇特别的满分文章。

（6）方式（何法 How）分析法

针对为突出文章采用的不一样的格式来设置悬念式的标题。

很多自媒体创作者总局限于单一的格式来拟定标题，其实有时悬念格式一改，文章就会提升意境，达到意想不到的效果。

例如标题"雪化了以后是什么？"这个标题用疑问来引领读者思考：雪化了究竟会出现什么特别的事情？这比直接陈述更能引人入胜。

4.1.3　爆款标题的拟定技巧2：找准目标

在拟定文章标题时，为了使文章的垂直度更高，创作者应找准目标受众，投其所好地给出对应的标题。

1. 什么是目标受众

目标受众是文章所假定的阅读群体，这个群体有其共同点，属于特定的一个范围。

有人可能会问："文章写出来就是给读者看的，谁想看都可以看，没必要区分那么细，想多了说不定会弄得受众变少。阅读量反而会不高，还不如用广撒网的方式，来多捕鱼。"

这样的说法看似正确，其实大错特错。如果无法做到"准确投放"，那么就基本等于没投放。

例如标题"对你十分有用的8条规律"，这是一个典型的没有具体受众的标题。

这个标题能够让哪些人代入进去并产生共鸣呢？是年方二八的青春少女，还是血气方刚的小伙子？是起早贪黑的乡村农民，还是朝九晚五的都市白领？是为考试头疼的大学生，还是职场中"压力山大"的中年人？

2. 为什么要找准目标受众

（1）给其所需才能提升流量

各个创作者每天在各大自媒体平台上发布的文章数量惊人，同质化、没特点的标题很容易让读者与你的好作品"失之交臂"。如果你能针对用户爱好，准确修饰标题，就可以提高你文章的辨识度，使你的文章被读者快速定位；另外也能让读者感受到你对标题的"精雕细琢"，那么内容肯定也差不到哪里去。

例如大仲马的名作《三个火枪手》，如果名叫"阿托斯、波尔托斯和阿拉密斯"的话，确实能够代表书中的3位主人公，但这会让读者完全摸不着头脑。

而如果根据该书主要的市场定位，确定受众为热血青年和军旅士兵，书名为《三个火枪手》，才更能找准目标受众。结果也证明该书轰动法国，大有"洛阳纸贵"之势。

（2）垂直度高才能增加曝光量

有些人可能觉得找准目标受众是在"画地为牢"，文章不是越多人看越好吗？为什么要自己缩小受众圈子呢？多些不同类型的读者不是能增加浏览量吗？

实际上，这得从自媒体平台的推送机制说起。现在各大自媒体平台上的文章推送都是系统运用逻辑来判断推送范围的。尤其是对新人来说，首批推送读者的范围不会很大，如果你的文章受众不明确，系统压根就不会帮你推送，自然就没有曝光量。

例如以下两个标题。

● 职场关系处理的重要性

● 我有一个蛮横的女上司，职场的异性关系该如何处理才 OK

第 1 个标题的关键词是"职场关系处理"。第 2 个标题的关键词包括"蛮横""女上司""职场""异性关系""处理"。

系统检测到第 2 个标题的指向性更明确，关键词更丰富，垂直领域更细，就会认为看第 2 个标题的文章的人会远远多于看第 1 个标题的文章的人，就会扩大第 2 个标题的文章的首批推送范围。

此外，标题关键词越多，推送群体会越准确，竞争者也会越少，也更有可能获得良好的阅读反馈，从而加大系统继续推送你文章的概率。

因此增加关键词，找准目标，非但不是"自绝财路"，反而是"以退为进"。这些精确定位的群体会反复刷到你的文章，而系统也会据此增加你的文章的曝光量，故而实际上你得到了免费的平台推送机会。

此外，精确定位的目标受众其实也没有各位想象中的那么少。如以炒菜的标题为例，假设全国的家庭主妇只有 1 000 万，即便只有 10%，也就是 100 万用户会看到你的文章，这篇文章不也是大爆文吗？

3. 如何找准目标——履历表式关键词法

自媒体新人可能对如何提高标题辨识度，找到准确的目标受众有些迷茫：到底添加什么样的关键词，才能缩小受众范围呢？

这里推荐一种适合新人使用的方法：履历表式关键词法。

如同个人信息表等类似的文件，仿照履历表上的各个项目对文章标题进行修饰，文章的目标受众自然就会很明晰了。

例如关键词"年龄"，这是比较常见的一个关键词，歌德的名作《少年维特之烦恼》中的"少年"就是很明显的与年龄相关的关键词。该作品的第一受众是年轻人。

又如关键词"职务 / 身份"，这里可以是很具体的职业，如教师、医生、司机、服务员等；也可以是比较宽泛的身份，如白领、北漂者、考研的学生等。

结合年龄等关键词，还可以创造出与人生不同时期对应的关键词，如少女、孕妇、宝妈、家长等。

其他诸如"性别""籍贯""经历"等关键词，也同理可用，这里就不全部列举了。

总而言之，标题中隐喻或直指的关键词越多，文章的目标受众就越明确、越精准，也更能让平台推送你的文章，增加文章的曝光量。那些合适的受众（读者）也能更准确、更方便地从茫茫标题中找到你的文章，不会对你的文章视而不见。

4.1.4　爆款标题的拟定技巧 3：直击痛点

《痛点营销》一书认为"没有痛点与诉求，就没有成交机会！"

营销策略中有着打破传统的"痛点营销"，它指出要先挖掘出客户深层次的痛点，再予以技巧性的安抚和弥补，这样更能满足消费者内心的渴望与需求。

发布在自媒体平台上的文章的标题，同样可以通过这样的"痛点营销"来直击读者痛点，引起读者的共鸣。

1. 什么是直击痛点

直击痛点就是能够抓住受众的欲望和矛盾冲突点，令读者感同身受，直达读者灵魂深处。

例如爆文的标题"月薪 3 千元与月薪 3 万元的人写出的文案，差别究竟在哪里？"这个标题中将鲜明的数字进行对比，一下子就戳痛了普通工薪阶层读者的内心，让人急切地想去了解，为何有如此大的反差，如何才能做到与月薪 3 万元的人有一样的水平。

2. 为什么要用直击痛点的标题

之所以要拟定直击读者痛点的标题，是因为这样的标题能更好地抓住情感爆发点，戳中人群的个性化特点，寻找其心理共情点，更容易吸引读者阅读文章。

例如标题"北京，有2 000万人假装在生活"，关键词"假装"击中了北漂读者的动情点，给读者造成了十分强烈的疼痛感，让读者感慨自身也是这2 000万人中的一员，读者会回顾自己在外求索、生存的挣扎和艰辛，从而会产生强烈的共鸣。

例如标题"职场不相信眼泪，要哭请回家哭！"击中了职场人隐藏起来的内心的软弱，令职场人联想起工作中的种种过往：有委屈要忍住，有困难必须迎头而上。这种标题会引起读者的共鸣，使其有强烈的感情波动，更容易让读者冲动从而点击标题。

3. 如何构思直击痛点的标题

下面我们从5个不同的角度来分析如何抓住不同人群的痛点。

（1）针对不同角色的人群

每个人在社会上都扮演着各自不同的角色，如父亲母亲、爷爷奶奶、妻子、丈夫等。因为有了这些角色，读者在阅读文章的选择上就会有所偏向。这就要求创作者调整自身文章的要点，使其适合自己所要展现给的那类角色的人群阅读。

（2）针对不同职业的人群

社会上的职业种类繁多，有商人、医生，有老师、工人等。针对不同的职业人群，创作者应该多加分析其需求方向，抓住他们内心所想，把握标题的方向。

例如文章《那些年，被客户"虐"过的银行柜员》就很好地吸引了银行柜员群体的注意力，一个"虐"字令银行柜员群体有了切肤的疼痛感。银行柜员的工作不好做，那些"被虐"抓狂的场景一幕幕从他们的脑海里闪过，他们就会更好奇地去看文章到底讲了哪些"奇葩"客户，哪些令人气愤的事情。

（3）针对不同年龄阶段的人群

针对不同年龄阶段的人群，如幼儿、少年、年轻人、中年人、老年人等，我们想要抓住他们的痛点，就必须了解每个年龄阶段的人群的特点。

例如年轻男女对爱情是十分向往和期盼的。一篇标题为"谈爱情的人，最终会选择物质吗？"的文章引起了人们的关注。

相信有很多年轻的男女看到这样的标题，都会回忆起自己的恋爱经历，其中相当多的读者都会被这个标题深深刺痛。读者会陷入思考，爱情和金钱，我们到底需要的是哪个？这个标题会引发读者强烈的情绪波动，读者会想一探其中的内容，看看这世间看重感情、不看重金钱的爱情是否更多。

（4）针对不同性别的人群

不同性别的人群，其痛点和欲望点都有明显的不同。

例如成年男性需要兼顾生活、事业、感情，一篇爆文"28岁网红主播病倒，采访痛哭：成年男性的生活，远比你想的更难过"让踏入职场数年的成年男性感慨万分：即便是事业成功的男性，也有许多无奈和身不由己，更何况自己呢？

成年女性更多地注重家庭、感情上的和谐，一篇爆文"决定离婚那晚，我发了1条朋友圈，收到29个未接来电"让许多陷于感情纠葛的成年女性朋友产生了共鸣，到底感情能够带来什么，稳定的婚姻需要什么，很多女性读者都忍不住想去了解文章的内容。

（5）针对不同学历的人群

小学、初中、大专、本科、研究生等不同学历的人群，他们的关注点往往有着很大的不同。因此，在起标题名时，创作者应该想想自身创作的文章主要是哪部分学历的人群在阅读，然后找准他们的痛点，进行精准"打击"。

例如学历越高的读者越注重自身对社会的价值感与成就感，这篇标题为"这世上很难有怀才不遇！"的文章就极大地刺激了高学历读者的内心。

一方面，学历高的人也未必能找到好工作，未必在职场上一帆风顺；

另一方面，看到其他学历不如自己的人生活得风生水起，学历高的人可能会愤愤不平，内心希望自己的收入和受尊敬程度能和自己的学历挂钩，自己永远不会成为怀才不遇的人。在众说纷纭的内心纠缠中，读者可能就会不由自主地点击这个标题，进而浏览文章内容。

"打蛇打七寸"，直击痛点就是要精准地打击读者内心最柔软、隐藏最深的那一处。

学会从多角度分析不同人群的需求，你才能直击并满足读者的内在痛点，打造出适合自己文章的标题，吸引读者停留在你的佳作里，获得更加优质的阅读体验。

4.1.5　爆款标题的拟定技巧4：数字逻辑

曾经有一段时间，自媒体文章标题流行使用一些抽象的符号来引起读者的注意，如星号、井号和一些货币符号等。后来各个自媒体平台对文章的标题做出了一系列的规定，禁止添加这些奇怪的图形文字，类似的标题也就没落了。实际上，有一种符号被排除在违规名单之外，而且到今天还在被广泛使用，那就是数字。

1. 使用数字标题的好处

（1）形成准确反差，吸引读者注意力
我们先来看一个数字标题的例子。

●任正非新闻联播讲话：48秒，230个字，却值得每个中国人反思

第一眼看到这个标题时，你的关注点在哪里？看完这个标题后，你又记住了什么？我想，大多数人的答案应该是"48"和"230"。

我们再来看下面一串信息。

● 1569846050使用454543246948431数字748548758324标题589796939499

你第一眼看到了什么？我想，大多数人的答案应该是"使用""数字""标题"3个词组中的一个。

这就是我们大脑特有的记忆方式：人类大脑在短时间内无法处理大量信息，而它习惯用"偷懒"的方法来解决，也就是去掉同质化信息、

专门储存那些简短且明显的符号。

在第一个例子里，数字就是区别于文字的"简短符号"。使用数字标题，能够迅速抓住读者的眼球。

我们再看下面 3 个文章标题。

●你在国外买兰蔻，"老外"在国内买大宝
●北大 500 名保安的励志故事
●微信新功能可以检测一个人的性格

你第一眼看到了什么？我想，大多数人的答案应该是"500"。不管你的文章具体写的是什么内容，在生活节奏不断加快的今天，能把读者吸引过来才是成功的前提。

（2）添加标签，提高文章垂直度

在自媒体平台中，系统会根据文章标题中的关键标签判别其目标受众，然后将其推送给潜在的读者群体。而数字就是一个非常显眼的、易于系统判定的关键标签，因为它或多或少都和用户的信息资料有关。

例如《98 年的年轻人创业，5 个投资牛人争抢融资 1 500 万》一文，其标题中有"98 年""1 500 万"等关键性数字。

系统在投放文章时自然会根据收集来的用户信息进行加量分发，像这篇文章就可以投放给 1998 年前后出生的读者，或者是一直在关注理财、风投的读者。

这个标题比起"年轻人创业，牛人投资"这样的标题，关键性标签更多，垂直度更高，也更容易被系统推荐给相关受众。

（3）表述准确，提高文章可信度

随着大众受教育程度的普遍提高，人们对文章的质量要求也比以往提高了很多。当下创作文章时，创作者都讲究提供"干货"，也就是拿出专业信息来服众。除了引经据典、引用参考文献外，在标题中使用数字也能提高文章的可靠程度。我们来看下面两个标题。

●采访了很多成功人士，我终于知道无须再羡慕任何人
●采访了 100 名成功人士，我终于知道无须再羡慕任何人

文章的内容是一样的，但第 1 个标题就很模糊："很多"是多少？

三五个是很多，十来个也是很多，但数字不同，文章的可信度就不一样。这种模糊的表达容易让读者认为创作者没有经过实地调查，而是随口胡诌的，因此也就失去了阅读兴趣。而第 2 个标题刚好弥补了第 1 个标题的漏洞，使文章看上去更专业。

这里需要注意的一点是，给出的数字要合理，最好是基于实际调查得出的。你可以做适当夸张，但要改成"采访了一万名成功人士"就有点不可信了。孔子云："过犹不及。"数字标题也一样，创作者不能为了抓眼球而脱离实际。

2. 常用的数字标题类型

既然数字标题有这么多好处，那么怎么拟定一个合适的数字标题呢？我建议可以从以下 3 类数字着手。

（1）时间类数字

时间类数字尤以年龄最为吸引人，因为每个年龄段都有一大批对应的读者群体，例如下面两个标题。

●同是 32 岁宝妈，她为什么能走仙女路线

这样系统在推送时，可以直接将文章送至该年龄的读者；而读者在看到文章标题时也能够引发共鸣，进而阅读文章内容。

此外，时间类数字标题也包括下面这类标题。

●为女朋友连续做了 900 天不重样的早餐

甚至连"科幻小说之父"儒勒·凡尔纳都采用过时间类数字标题，写下了《80 天环游地球》这样的不朽名著。

当然，你也可以像前面的例子一样引用年份，但从实际调查的情况来看，年份类数字在标题中的反响并不好。这是因为人们在对标自己时，第一反应往往是年龄，其次才是出生年月。

（2）金钱类数字

拟定金钱类数字标题有两个窍门。

一是数字占比要合适。

例如下面这两个标题。

● 月薪 3 千元与月薪 3 万元的人写的文案差别究竟在哪里

● 月薪 3 000 元与月薪 30 000 元的人写的文案差别究竟在哪里

你觉得哪个标题更显眼？我想，大多数人的答案应该是第 2 个标题，因为第 1 个标题中数字占比较低，而且出现了同质化问题；而第 2 个标题中加长了数字的位数，不仅提高了数字占比，还区分了 3 000 和 30 000，非常具有对比度。

二是可以不出现单位。

这一般出现在金钱换算方面，例如"这应该是我喝过最贵的清酒了，一瓶价值 10 000"这个标题，看上去一瓶酒比茅台还要贵；但点进去一看，所谓的"10 000"指的是日元，换算成人民币后没有超过 1 000 元，因此这也就没什么可大惊小怪的了。

（3）数字公式

数字公式应该是比较高级的数字类标题了，它往往也是在利用用户的信息差。

例如标题"他用半辈子时间计算出"1+2"问题"，普通用户一看到"1+2"，会习惯性地认为结果为"3"；再结合标题的前后内容会对文章的内容感到好奇：如此简单的一个问题，为什么会有人用这么长的时间才计算出来呢？点进去一看才知道这是有关哥德巴赫猜想的问题，"1+2"只是这个问题的数字代称。

此外，创作者也可以运用一些"错误"的数字公式。

例如标题"10-1=0，仔细想想确实非常有道理"，这样的数字标题是明显有"重大纰漏"的，读者自然忍不住点进去想一探究竟，以便反驳作者一番。但看完文章才发现，这表示的是"生命是 1，其他是 0"的观点，对于这样"错误"数字公式的逻辑也就合理了。

4.1.6 爆款标题的拟定技巧 5：讲个故事

我们可以用一个短短的标题容纳一个能让人探究和沉思的故事。

1. 为什么要在标题里讲故事

热销图书《故事力思维》中说："会讲故事是人的本能，爱听故事是人的天性。"

如果想要抓住读者爱听故事的特点，那就应从标题开始，用故事留住读者。

例如今日头条的一篇阅读量在 10 万 + 的文章标题是：裸辞 2 年，我靠"读书"闷声赚了 260 万元，全款买房。

（1）故事可以激发读者好奇的欲望

看到标题，读者会心生疑惑：为什么读书可以赚这么多钱，而且是在裸辞的背景下全职读书。于是读者会好奇地打开文章一探究竟，想看看作者是如何通过读书赚钱买房的。

人们在读故事类的文章时会有种习惯，想知道主人公经历的具体过程、情绪、结局，只要缺少其中任何一个要素，都会激发人的好奇，让人想完整地知道这个故事。这个例子中的标题给出了故事的主人公，给出了故事的结局，却没给出主人公经历的具体过程和主人公在故事里的情绪，这便可以激起读者的阅读欲望，使其想去获取完整的故事。

（2）故事具有打动读者的说服力

这篇文章主要是在讲如何通过"拆书"赚取高额稿费，如果她在标题中直接写"拆书很赚钱"，读者大概率不会打开她的文章，因为这看上去就像一个广告推销文，这样的标题不具有任何说服力。

而通过标题讲故事的方式则可以有效打动读者。这个标题是如何说明拆书挣钱的呢？它先给了读者一个创作者的生活背景——裸辞两年，又给了读者一个赚钱渠道——读书，最后给出了结果——全款买房。

精确的数字，明确的结果，真实的背景将读者拉入创作者的思维领域，让读者相信这件事是真实可信的，从而让读者觉得文章说得有道理，被文章说服进而采取一些行动。

（3）故事可以加深读者的印象

大多数人读过一本书一段时间后，也许回忆不起书中的理论，却仍然记得书中的部分案例和故事。例如上述例子，读者以后也许记不清文章大概的内容，但会记得有个人靠拆书买了房这个故事。

一个好的故事可以扩展思维的联想能力，从而在人的脑海里留下更深刻的印象，也会间接提高文章的收藏率。而收藏则意味着读者以后还会再次阅读，在重温的过程中又会对文章有更深入的感受，从而成为创作者的忠实粉丝。

2. 在标题里应该讲什么样的故事

在标题里讲故事主要是为了提高文章的打开率和阅读量，在标题里讲的故事需要具备一些特点来吸引读者。

（1）具有反差的故事

创作者可以将几个大众熟悉的关键词联系起来，组织成一个有反转情节的故事。因为有共鸣，所以大家愿意打开；因为有反差，所以读者会有所思考。

（2）引发好奇的故事

共鸣类故事的特点是大众足够熟悉，而与共鸣类故事相对的是大家觉得新鲜的故事。

这类标题可以用一个很完整的、不可思议的故事概括，虽然这类故事发生的概率极低，但是其戏剧冲突非常大，可以引发读者强烈的好奇，使其迫切地想知道故事主人公的经历。

（3）有指导性的故事

除了令大家有情感共鸣的反差型故事和引发读者好奇的故事，还有一种可以引起读者兴趣的故事，即具有指导性的"榜样类"标题。这类标题的特点是由"普通"到"不普通"，由"平凡"到"不平凡"。

如这类标题可以体现逆袭和励志，可以给尚在迷茫中的读者提供一个可供参考的榜样故事，让读者有"获得感"，觉得读这篇文章有营养、有收获。

3. 在标题里讲故事的技巧

知道要在标题里讲什么故事后，创作者还应该知道怎样才能在标题里用短短几十个字把故事讲好。

（1）细节充分

在"33岁离婚以写作维持生计2年后，我成了王牌编剧"这个标题里，创作者通过20多个字精确地说明了故事主人公的年龄、成功所用的时长、婚姻状态、工作方式，让所有的情景都具有真实性。

标题里故事的细节越详细，要素越丰满，读者的代入感就越强，故事的可信度就越高。

（2）情绪饱满

故事类标题与其他类标题最大的区别是，故事一定要有充沛的情感，有情感支撑的故事才更鲜活。

情绪直接影响着文章的感情色彩，创作者只有在故事里投入饱满的情绪，才能透过文字把情绪传达给读者，使读者产生情感波动，进而与标题里的故事产生情感共鸣。

（3）提供焦点

故事最重要的是要有戏剧性，要有吸引力。完整的故事强调起承转合，而标题虽短，也要遵循这个原则：有焦点、有冲突、有反转。

例如某篇文章的标题"得了肺结核，还离了婚，我却越过越好"就有一个完整的故事线。在常人眼中，离婚后还得病的人的人生应该是走下坡路的，可故事的主人公却越过越好，这个冲突点会激发读者的探究心理。

（4）留有空间

作家阿瑟·克拉克在写作时会有意识地为文章留白，使故事保留极强的神秘感。在文章的标题里讲故事时更应该注重留白，留下悬念；否则，读者看完标题就完完全全知道了文章的内容，没有一点疑惑，也就不愿意再花费时间去阅读全文了。这便是自媒体文章与新闻标题最大的区别：新闻标题要求简短而全面，但自媒体文章的标题则要"留一手"，使读者想知道全貌，就不得不阅读完整的文章。

4.1.7　爆款标题的拟定技巧 6：情绪激烈

文章写作讲究"引人入胜"，只有当读者的情绪被你充分调动后，才能让他们对文章的观点产生共鸣。很多创作者都在琢磨如何把情感融入文章中，殊不知在标题里就可以引爆情绪，打出"先声夺人"的优势。

例如曾经火爆一时的"UC震惊体"，就是非常不错的情绪化标题。常见的这类标题如下。

●震惊！管理层出游竟然"包"下一辆火车

虽然现在我们都知道，这些标题都是在"莫名震惊""无厘头惊诧"，但在当时，UC 新闻的浏览量可是不少的。由此也能看出，情绪化标题是有很大一部分受众的。

我们不提倡故意夸大事实，但这种情绪化标题的写作手法却值得每个自媒体创作者学习和参考。

1. 情绪化标题的好处

（1）奠定基调，引出下文

随着生活节奏的不断加快，阅读的趋势是"碎片化"，读者很难有大量的时间去揣摩创作者在字里行间所体现的感情，因此作者需要直截了当。

例如一篇阅读量 10 万 + 的影评的标题是："为什么大家觉得《战 ×》好看？"。

读者从标题里就可以看出创作者鲜明的立场，自然会对文中要说什么有所了解，而且这个标题已经把创作者的情绪发泄得很到位了，那么在文章中出现的一些"有独特观点"的看法也就不会显得那么扎眼了。

需要注意的是，这样情绪化的表达要慎用，因为除了大是大非的观点外，大部分普通群众对事物的看法还是偏保守或趋于人云亦云的。这样"口无遮拦"的标题通常不会给人以心直口快的印象，而是会产生一种生理上的反感。新人在尝试使用情绪化标题时不要一上来就剑走偏锋，应慎重地表达自己的情绪，尤其是在自己的观点站在绝大多数人的对立面的情况下。

（2）呼吁强调，形成共鸣

德国心理学家艾宾浩斯通过研究发现，人类对新事物的遗忘进程并不是匀速的，最初的遗忘速度很快，有可能刚看完一个东西，转身就忘了。

阅读也存在同样的问题，当文章篇幅比较长时，读者可能会遗忘前面的逻辑，这时读者会下意识地看一眼标题试图恢复自己的记忆，这就是为什么四大名著除了有总标题外，每个回目还有自己的小标题，这些标题的布置都是十分科学的。

情绪化标题的作用就是反复强调文章的观点，让读者时刻保持一种激昂的情绪来继续阅读，不至于被后续大量的内容淹没，导致最终不知所云。

当然，使用情绪化标题并不意味着一定能让读者"冲昏头脑"，进而忽视文章质量的好坏。情绪化标题只是观点宣泄的一个引子，受众认可你的观点后还有很长的路要走，因此文章内容切不可虎头蛇尾、雷声大雨点小。

2. 拟定情绪化标题的要点

既然情绪化标题有这么多好处，那么怎样才能拟定一个合适的情绪化标题呢？我建议从以下 3 点着手。

（1）加入情绪化语气词

创作源于生活，大部分写作手法并没有我们想象中的那么高深，完全可以从日常生活中借鉴。情绪化语气词也一样，只要我们在生活中的对话不是平淡的陈述语气，那就大都可以作为情绪化语气词直接拿来使用。

例如当我们想要表示惊讶时，通常在对话中用到的语气词有"竟然""居然""怎么会"之类的，反映到标题中的例子如下。

● 虚构身份，骗取同情，怎么会有这样厚颜无耻的人

又如我们想要表示不满或委屈，通常用到的句子是"心里苦，说不

出""唉，随它吧""肝肠寸断"等，反映到标题中的例子如下。

●连续三次考研失败，唉，真的累了

●老板自己的责任，反倒把锅甩给我？心里苦，但说不出

此外，在标题中加入一些表示情绪的网络用语不仅能抒发观点，还能提高文章的新鲜感，如下所示。

●辗转数十次，多部门投诉未果，呵呵

●能不能别在假期催婚，烦着呢

这会使文章非常接地气，能够迅速吸引大量粉丝关注。

（2）妙用"？"和"！"等带语气的标点符号

人们在生活中，会有 3 种常见的情绪：陈述、疑问和感叹。它们反映到标点符号上就是"。""？""！"。陈述句不符合情绪化标题的要求，因此在标题中加入"？"和"！"就是最好的表达方式，举例如下。

●太可怕了！熬夜竟然有这么严重的后果，再也不敢熬了！！！

这是带有强烈感情色彩的标题。有时为了加重情绪激烈的程度，创作者也可以结合两者使用。

（3）采用第一人称或第二人称

情绪化的关键是体现主观，而常用的主观代词就是"我"了。第一人称视角能让创作者情感宣泄得更加自然，同时也可以让读者更有代入感。

例如同样是记录自媒体运营过程的文章，可以有两个不同的标题。

●自媒体运营的那些难事

●自媒体运营，我太难了

虽然两个标题想要表达的观点实质上是相同的，但显然第 2 个标题体现了创作者极其强烈的个人感情，这样的标题也更加吸引读者。

当然，创作者也可以在标题中用"你"直指读者，让读者无法置身事外，如下所示。

●华为的这些小技巧，你还不知道吧？

●看过以下十部电影，你就是"大神"！

相较而言，第三人称就客观和冷淡得多，因此很难调动读者的情绪，效果自然没有第一人称、第二人称的标题来得"吸睛"了。

4.1.8　爆款标题的拟定技巧 7：对比强烈

自媒体创作者设计标题最常用的手法，毫无疑问就是设计一个对比强烈的标题。标题中尖锐的对比往往能激发读者探究细节的欲望和好奇心。

1. 何为对比强烈的标题

对比类标题就是要把文章中或者事件中的差异点提取出来，并且进一步扩大和强调，利用数字对比、矛盾对比，或者是与传统常识的反差对比，制造出冲突感较强的话题，引爆冲突的火花，引发人们的关注和讨论。

对比强烈的标题能够引起读者强烈的好奇心，例如"某某演艺界人士仅用 10 年时间，从'天堂'跌入'地狱'"。从这个标题可以看出，这个演艺界人士 10 年前后的人生形成了鲜明的对比，读者会很想知道这个演艺界人士在这 10 年里究竟经历了什么，或者做过什么，为什么会有如此大的人生反差。

有一个大家都非常熟悉的标题"价值 3 000 元与价值 30 000 元的文案差别究竟在哪里？"就使用了非常明显的数字对比。与金钱相关的数字通常具备较大的吸引力，直接抛出能获得的收入，可以引发读者强烈的求知欲。

再例如写理财产品，如果标题是"某某教你如何理财"，就很容易让人误以为是广告或者软文；但是如果标题是"普通家庭主妇如何成为百万富翁"，就会很容易引起读者的好奇心——家庭主妇在家操持家务，如何成为百万富翁呢？

又如写一场北方的大雪，如果标题是"某月某日何地飘了一场大雪"，就像是天气预报，毫无新意；而如果标题是"12 月的这一天，我在北方的风雪里无处可躲，你在南方的阳光里热得汗流浃背"，明显的南北差异再配上对比图片，会非常容易把读者带入你描述的内容。

需要注意的是，要突出差异最大化，尽量做到极致的对比，因为对比双方的差距越大，引发的好奇就越强烈。

例如要拿学习成绩引出教育问题，如果说"考 80 分与考 100 分的对

掌握写作密码，做好个人 IP：技巧、写法、运营的高能手册

118

比"，显然并不能引起读者的关注，因为差距太小；而如果说"那些答出 50 分试卷和答出 100 分试卷的孩子，他们到底有什么不同？"，就能够引起读者的关注，使读者陷入对教育问题的思考。

由此可以看出，对比双方的差距越大，就越能吸引人的注意力，印证观点的论据就越有分量。

另外，创作者可以"挑衅"传统常识，打破人们的固有观念和想法，利用反差引起读者的注意，甚至通过"颠覆"传统三观的对比来引发读者思考和讨论。

例如"我是如何把一家市值千万的公司开垮的""我父母，原来是世界上最大的骗子"。

对比类标题还有很多，包括时间、空间、数字、常识等多种存在反差现象的描述，这类标题能够引出矛盾话题或者突出其中一方，创作者需要结合文章的实际内容来选择不同的对比方式，营造出冲突的氛围。

2. 对比强烈的标题涉及哪些条件

区区二三十个字的标题要做到对比强烈，立意突出，具体应满足以下条件。

（1）对比突出，强调亮点

在拟定标题之前，创作者需要先确定好内容的主基调和重点，从中选出对比强烈的内容，再进行精加工和提炼，形成相互对比、充满冲突的对象。

例如要写一篇关于黄山日出的游记，大家都知道那句"五岳归来不看山，黄山归来不看岳"，自媒体文章如果还用这句诗做标题就太同质化了，无法在繁多的同类标题中出彩。

如果拟定的标题是"看遍五岳的日出，却不如黄山之巅的一抹阳光"，一下就能点出黄山著名的日出景象，利用对比突出内容亮点。

（2）对比穿刺，深入痛点

这种技巧糅合了我们之前的一个模板——找准目标受众的痛点。这里，我们就以痛点为靶心，通过强烈的对比来激发讨论或者让读者产生共鸣。

例如写职场小白的自我修炼，如果标题是"职场小白如何成长"，就很普通；但如果标题是"学校内平庸无奇的他却翻盘逆袭，一跃成为世界 500 强的高管"，这种强烈的反差感，更容易刺激读者的内心，引起同类人群的共鸣。

（3）确定受众，获得流量

对比强烈的标题中还要有明确的推广方向，便于系统计算并做出准确的推送，从而增加文章的点击量和阅读量。

例如写当今年轻人结婚买房的社会问题，如果标题是"为什么 00 后比 90 后更崩溃"，系统计算出推送的范围就会很广，缺乏针对性，即便推送了也少有人点击，容易产生无效流量。

其实标题中的对比可以更精准一些，如"结婚一定要买房子吗？婚期将近的 00 后比 90 后更崩溃"，这样系统推送的范围就会更加准确有效。

最后，要打造出适合自己文章的对比强烈的标题，创作者还要多看看各大自媒体平台上的范例，如头条"大 V"和火爆微信公众号的文章标题，学会归类总结。

例如一些"标题王"，他们利用对比来制造冲突的标题已经做到"自成一派"。这类大号基本都是团队运营、集思广益的成果，所以其利用对比的标题更为成熟且效果突出。认真总结归纳，你就可以从中提炼出适合自己的对比类标题的运用方法。

4.1.9 爆款标题的拟定技巧 8：跟上热点

我们可以利用热门的元素，如新闻、流行、知名演艺界人士等，给标题贴上热门标签。

1. 为什么要跟热点

（1）流量大：关注的人多

热点事件发生后，它的辐射范围很广，受众在短时间内急剧增加，无论什么年龄、什么圈层的人都会共同关注这些事件。它就像是一个把大众自动聚集起来的焦点，为大家在社交过程中提供共同的交流话题，同时使大家在沟通中也会对彼此的思维起到一个启发作用。

这些关注热点的人群会自动成为流量，他们看见带着热点的标题会受到吸引，能极大地提高文章的打开率和传播率。

（2）精度高：精准地击中读者

很多自媒体创作者在写作时都会遇到一个困惑：为什么文章的阅读量有时候很高，有时候又非常低迷，粉丝到底喜欢什么样的文章标题？

而跟热点则无须考虑这么多，因为基本所有的粉丝都会在意热点，都想多看些解读热点事件的文章。

（3）成本低：收集素材更容易

创作者在写作时通常要花费大量的时间和精力在选题、收集素材上。选题方向和素材的匹配性、新颖性、共鸣性都是需要在撰文时重点考量的因素，而热点就是最直接天然的选题方向和素材，围绕着热点进行发散和解析，极容易得到大量相关的素材。

2. 跟什么热点

跟社会热点时，创作者可以以"事"和"人"作为出发点；而对于影视作品、综艺作品、小说作品等，创作者可以从内容和相关的人物着手。

（1）从事件入手

有一篇跟热搜新闻的文章标题是这样的："男子活埋79岁母亲事件，没有你想的那么简单"。

看见这个标题，读者就会想起看到这个新闻时最直观的感受："这个男的是恶魔，是人渣，是禽兽不如的孽子！"

但现在标题说"没有你想的那么简单"，读者会想自己是否想得太肤浅了，会很想一探究竟，看创作者如何挖掘出更深层的道理，揭秘更多不为人知的隐情。

标题带着社会热点事件的好处是可以获取广泛的受众，他们不受职业、兴趣、年龄的框限，且热点事件本身是真实发生的，作为素材自带说服力。

（2）从人物入手

人们天生对名人的生活和举措感到好奇。比如美国职业篮球联赛（NBA）中，大家会对詹姆斯、科比有极高的关注度，有的自媒体作者可能会撰文《谁是 NBA 最强？ NBA 单赛季大满贯原来只有三人》，读者便会有疑问，谁是这三个人？

这些标题之所以吸引人，是因为人们对世界级别的篮球运动员有极高的关注度，能满足读者的期待。

（3）从作品入手

例如，对于网络爆款剧《隐秘的角落》，有对于细节进行分析的文章，如《30 个隐秘的角落彩蛋，细思极恐！》，满足了读者对铺垫和线索的深度探索；有关于剧中特定人物的解析文章，如《隐秘的角落：周春红，你太可怕了！》，引发了读者对剧中人设的讨论；也有从心理角度探秘的文章，如《隐秘的角落：恶童之恶，从何而来？》，分析了剧中人物特殊行为的动因。

由此可以看出，一部热门影视作品能够用于多个领域的引流，既能满足文娱向，也能满足观点向。跟随热点作品的好处是可以驾驭多种选题，相较于社会事件和人物来说，即便话走偏锋也不用顾虑会对剧中人物造成伤害。

3. 怎么跟热点

（1）角度独特

自媒体文章因为竞争激烈、创作周期短，往往热点一出，同类文章就会出现成千上万篇，同质化现象十分严重。

随意点击一些标题带着热点的不同文章，绝大多数的内容感觉都差不多，阅读几篇下来，极容易让读者丧失阅读的兴趣。例如某翻拍电视剧刚一播出，就上了微博热搜排行榜的前列，被网友"吐槽"，接下来便有了铺天盖地的带有该热点事件的标题。

很多相近标题在热点出现的初期单拿出来，还可能吸引读者：读者会想看看这部剧到底差在哪里。可是当读者翻遍相关热点文章，发现文章标题都大同小异，其也就不愿意再点开类似的负面评价的文章了。而其中一篇文章的标题却出乎意料地吸引了大量的读者，它是"新版×××播出引争议，老版主演当家小生力挺：就不应该比较"。

这个标题使得读者眼前一亮，所有的评论都在否定该剧，这篇文章却指出有人发声"力挺"它。这样读者就会好奇"力挺"的原因是什么，但实际上该文章绝大部分观点和其他文章都大同小异。因为标题的切入点不同，所以该文章会吸引更多的流量。

（2）以快制胜

热点类标题有一个特殊之处在于它具有极强的时效性，这既是优势，但同时也隐含着巨大的风险。优势在于，如果你能快速地捕获热点成文，就可以获取大量的流量；风险是一旦过了这个时效，你写的文章不仅不会引发更多的反响，反而会使阅读者寥寥。因为大众集体关注这个热点的热情已经散去，大家的注意力又切换到了另外一个热点上面，没有人再去关心已经过时的热点。

例如某电视剧在播出时，多次登上各大平台热搜榜首，如果在其收官很久后再创作相关文章，大概率是没有粉丝愿意看的。

所以，撰写热点类标题一定要趁热打铁，要在该热点的上升期就开始创作，在该热点最火爆的时候发文。

（3）三观要正

在追热点时，有的人为了博取眼球，会故意拟定一些激起舆论、违反伦理道德的"擦边球"标题。这样的标题也许能获得短期的流量，但终究会引来大多数人的批判、拉黑，反而不利于个人账号的长期发展。

"笔下有是非曲直，笔下有毁誉忠奸。"

即便是自媒体新人，也要为自己写下的每一个字负责，作品要具有社会责任感，要能积极正向地引导读者。

4.1.10　爆款标题的拟定技巧 9：提出问题

创作者可以在标题中提出一个引人思考、迷惑或者反驳的问题，从而引发读者的思考和好奇。

1. 常用"为什么"

"为什么"类标题在自媒体文章中非常普遍，既能引发读者思考，又便于创作者定位自己的中心思想。

（1）"为什么"可以引发读者思考

读者一眼扫过这个标题时，会本能地思考一下原因，紧接着会点开文章看自己思考的原因与作者表述的原因是否相同。如果作者能够提出更深层次的剖析，将会折服读者，提升文章的转发率和分享率。

（2）"为什么"便于创作者确定文章主旨

曾经有一个从事自媒体写作的朋友向我求助，他的文章总是写着写着就散了，他回头看文章发现其逻辑混乱、缺乏层次。我便建议他在起标题时，用"为什么"来确定文章主旨。

当你将文章标题确定为"为什么职场中的我，总是无法处理好和上司的关系"时，是不是自己就会有相应的写作思路？全篇都围绕着这个问题展开分析，文章想写散都很难。

所以"为什么"不但能够激活读者的求知欲，也能帮助创作者在写文章时确定思路，把文章写得紧凑连贯。

（3）使用"为什么"时要注意利用反常识提高冲突性

使用"为什么"也要讲究一定的技巧，不能问一些大众都熟知的问题。

2. 善用"怎么样"

我们打开自媒体平台会经常看到类似如下标题："被张桂梅送出大山的贫困女孩们，后来怎么样了？"……

（1）"怎么样"会勾起读者的好奇

以上述第1个标题为例，张桂梅被授予了全国三八红旗手标兵称号，因为她帮助了千余名女孩圆了大学梦，创造了大山中的教育奇迹。对于她帮助的女孩，大家会很好奇她们是否真的能验证"知识改变命运"的说法，还是即使获得了良好的教育仍然逃不过贫苦的生活。

想知道答案，就会点开文章。"为什么"专攻读者的求知欲，而"怎么样"则很好地利用了读者的好奇心理，包括探索者的心态，也包括看客的心态。

（2）"怎么样"可以利用时间跨度旧事新说

事件刚发生时，人们掀起了热议，观点不一的各方都对事件的发展进行了预测，但也仅限于预测，他们没有确切的证据支撑，而随着时间流逝，终将会有结果预测便也能分出胜负。

在激烈讨论事件的时候，读者肯定也有自己的立场。当看到类似的标题时，读者便会有点击标题打开文章，一睹事件真实进展的欲望。

创作者可以借助这种时间跨度的力量，利用当初悬而未决的热点再制造一波热度，使当时关注该热点的读者点击标题，提高文章的打开率。此时创作者也能根据事件的实际发展，有理有据地阐释自己的见解。

3. 巧用"怎么办"

"怎么办"是一个拉近距离、促进互动的有效方式。

（1）"怎么办"会引发读者共鸣

例如"工作中、生活中，遇到很讨厌的人怎么办？"这个标题，几乎每一个人都在其覆盖范围内。作为社会性动物，拥有高级情感的人类平常难免会碰到自己不喜欢的人，但偏偏自己可能会与这些人有着密切的交集，那么自己到底应该怎么应对处理才合适呢？

这个标题很巧妙地抓住了身为人类本身的共性，把它作为一个"痛点"放在标题中，可以吸引有共同困扰的读者来阅读。

（2）"怎么办"会引发读者互动

例如看到"入职半年，还是无法融入团队怎么办？"这个标题时，没有经验的职场新人会想知道这种情况的解决方式，于是会点开文章、看评论，来看创作者或其他网友有没有什么好的方法；而有过相应经验的人群在看到这个问题时，会下意识觉得对方处于一个求助的地位，从而产生一种帮助欲、分享欲，进而在评论区分享自己的宝贵经验。

（3）使用"怎么办"时要有解决方案

在使用"怎么办"作为标题时，创作者要注意提出的问题要实际一些，要是现实生活中大多数人能够遇到的问题。既可以是开放性问题，邀请读者来回答帮助自己解决困境；也可以是封闭式问题，自己已经有了相对完善的应对方法论。

总之，不能太过夸张或不切实际，例如标题是"地球毁灭了怎么办？"除开特定的科幻读者有兴趣，对于大多数人来说有任何的实际意义吗？和现实完全不相关的内容，大部分读者都是没有兴趣点开的。

问题来源可以从自身出发，是自己实际遇到的问题，也可以从社会中大家普遍比较关注的问题考虑，如"遇到居心不良的司机怎么办？"

4.1.11　爆款标题的拟定技巧 10：带个画面

创作者可以在标题中利用文字描述出一副吸引人的画面。

1. 带画面的好处

有人曾说："好的故事，其文字都构筑了画面感。"不只是故事，标题也是如此，一个带有画面感的标题，能够迅速吸引读者的目光，激发读者打开文章的欲望。

（1）激发读者的想象力

"当我坐在钢琴边，他们笑了，而当我开始弹奏时……"是一个经典的带有画面感的标题，出自广告天才约翰·卡普斯之手，也是 20 世纪最著名的文案之一。

这个标题描绘了一位受到轻视的人坐在钢琴边，其他人觉得他这是在自取其辱，所以发出了嘲笑，一个"而"字突出了转折，却又在"而"字后戛然而止，没有把结局说完整，引发了读者的想象与窥知后续的兴趣。

一个带有画面感的标题能够让读者发挥想象空间，随着创作者的文字进入相应的情境，就如同向读者展示一幅画，却只让他看画的一部分，让其对画的全貌充满好奇。

（2）具化读者的想象

上述标题不仅起到了激发读者的想象力的作用，也起到了把读者的想象具化在一个规定空间的作用。

作者通过"钢琴"指明画面中的"物"，用"他们"和"我"指明画面中的"人"，固化人和物不但让读者在脑海中形成了画面，而且让读者不是漫无边际地遐想，而是有一个具体的明确的想象场景。

可见，带有画面感的标题需要框柱读者的想象范围，指引读者按照创作者的方向思考。

（3）提高读者的积极性

知乎上有一位创作者分享了自己的经验：他想策划一场讲座，一开始敲定的文案的标题是"如何开一场发布会"，结果报名参会的数据并不理想，于是主创经过调整，将文案的标题修改为"如何开一场让用户排队的发布会"，短短2个小时内，报名的人数增加了400位。

相较于之前的标题，这个标题只多了"让用户排队的"6个字，却产生了积极的反响，这是因为"用户排队"传达给了读者一个画面，而这个画面说明了发布会的效果，使得有相应需求的读者积极性提高，踊跃度上升。

2. 带什么样的画面

（1）能让读者感觉到美的画面

自媒体文章的文体有很多，如针砭时弊的观点文、细腻温暖的情感文等。我曾读过一个情感博主的一篇文章，其标题是"你想要这样的人生吗：醉后不知天在水，满船清梦压星河"。

这位创作者引用了一句颇有意境、有画面的古诗作为标题，瞬间把"想要的人生"设置到了一个美不胜收、清风明月做伴的画面里。若这篇文章的标题定为"你想要一个畅快潇洒的人生吗？"就顿显苍白，缺乏灵动。

（2）能够触动读者情绪的画面

景能勾起读者的趋美之心，而情则能触动读者的共情心理，例如某篇文章的标题是"当一个孤独的中国人，来到被世界遗忘的角落"。

"孤独"和"遗忘"两个简单的词把读者带入孤单的情绪里，"中国人"和"世界"又从微观到宏观的角度进行描述，让读者有一种漂泊他乡、沧海一粟的感觉，使读者透过文字看见天地苍茫下一个小小的身影，在人迹罕至的路上留下旅人的痕迹。

触发读者的情绪会诱使读者更细致地品读文章，体味文字中的喜怒哀乐。

（3）能给予读者故事感的画面

大多数人都会受到故事的吸引。画面中如果能结合一定的故事性，便能吸引读者去探究故事的原委。如看到"我在医院做护工16年，从没见过一家子女抢着孝顺的"这个标题，你能看到什么画面？

大多数人可能看到的是，一个从事护工多年的人见到了子女在争先恐后地孝敬老人，于是会想知道这"一家子"是谁，他们是怎么孝顺的，想知道这个标题后潜藏的人生百态。

3. 怎么带画面

在标题中营造画面感时，应尽量细致入微，用一些比喻或比较经典的作品来提高标题中画面的生动性。

（1）具体到细节

细节能够给读者真实感，让读者觉得画面足够生动。细节可以具化到人物、时间、地点、事件，甚至颜色、声音。

在上述的几个例子中，有的标题明确地说了"钢琴边"这个地点，有的标题把地点定在"医院"里，有的标题说明了主人公是"中国人"，有的标题说明了参与者是"用户"。

营造画面感要注重细节。创作者可以把自己的文字当作画笔，用文字描述出自己想要画出的画面来，要先在自己脑海中勾勒出大致的场景，这样才有可能让读者感受到你的画面。

（2）善用比喻

如果你想写关于老年人孤独的主题，你的标题可以是"孤独是一种难以言语的痛"，而如果加了比喻与画面，这个标题可以改为"有时候，孤独就像冬雨后的关节炎一样痛"。

前面的标题只是很直白地把观点传达给读者，读者很浅层地明白孤独是一件很难受的事，但是有多痛，仍无法直观地体会到；而用了"冬雨""关节炎"这些比喻，瞬间就能让读者感同身受，读者会调取脑海中相应的熟悉的画面，认可你的说法，转发你的文章。

比喻可以帮助读者准确而深刻地理解创作者想要表达的意思，通过比喻构筑画面可使读者觉得你的标题易懂、可传播性强。

（3）借力文学作品

前文提到的《你想要这样的人生吗：醉后不知天在水，满船清梦压星河》那篇文章就借助了古诗的力量。如果你想写一篇治愈文艺的文章，想表达你的眼里都是对方，便可以这样拟定标题"你的眼里有晴雨、日月、山川，而我的眼里却只有你……"。

这个标题营造了一个人在看自己心上人时的沉溺和喜爱的画面。两个人一起出去旅游，对方的眼中映照着二人一起欣赏过的优美风景，而自己的眼中有比那些风景更动人的景色，那就是对方。

这个标题借助了余光中先生的经典语句。当自己实在想不出该怎么在标题里带画面时，可以看看这些经典的有画面感的名句，模仿着寻找自己的灵感。

以上 10 种爆款标题的拟定技巧，并不限于独立运用，在不同的情况下，可以多种融合使用。采用的爆款元素越多，就更有可能让你的标题脱颖而出，激发读者的兴趣，提升标题的点击率，进而增加你的文章的流量。

在自媒体行业里流行着一句话："得标题者，得半壁天下。"

相信你融会贯通了这 10 种技巧，再经过一段时间的努力后，也可以轻松做到用标题吸睛，继而成为一个资深的自媒体创作者。

4.2 好的文章开头才能留住读者

策略专家罗杰·艾利斯在《热诚沟通》中说过："我们第一次见陌生人时，其实在头七秒内就决定了对对方的印象如何。"

4.2.1 开头先声夺人，才能防止读者逃离

自媒体平台上的阅读就如同一个人看陌生人，读者一般会在头 7 秒内，快速浏览你的文章开头的百字内容，对文章做出一个初步判断，决定是否读完你的文章。

如果文章开头有足够的吸引力，读者就有很大的概率会阅读、点赞、转发和分享，这样大大提升你文章的流量。

1. 前奏动人，才能让读者沉浸其中

文章的开头就像是音乐的前奏，如果听众很喜欢一首歌的前奏，就会愿意继续聆听；如果听众对一首歌的前奏感到厌烦，那么他大概率会划到下一曲。

某知名的"国学"自媒体的每篇文章开头都会引用一句金句，例如《厉害的人，学会有话不说》一文的开头引用了苏洵的"知无不言，言无不尽"。《人要懂得知足，才能长久》一文的开篇写有"身后有余忘缩水，眼前无路想回头。"这句出自《红楼梦》的对联。

开篇以脍炙人口的诗句为佐证，可以表明自己的观点的可信性，比起直接在开头中写"知足，是一种人人必备的哲学"这类"鸡汤"话语，

会更让读者信服。开头直白地讲道理会显得突兀、说教意味过重，不利于留存读者阅读全文。

我的一位从事自媒体写作的朋友在写关于如何交友的主题的文章时，开头写道："与什么样的人交朋友，直接决定着自己的人生高度。选择好相处的人，人生才能越过越好。"

我对他说，他这个立意很好，就是开头太没吸引力了，于是建议他在开头加上韩寒的一句话是"一个人能走多远，要看他有谁同行。"他也觉得这句话既言简意赅，又贴合主题，用来开篇再好不过。

2. 激发兴趣，让读者爱不释手

开篇的一个重要作用是吸引读者的目光，让读者或好奇，或沉浸，总之需要提起读者对文章足够的兴趣。

《宫墙柳》开篇第一句话是"我进宫这件事，原是个意外"。

简简单单的几个字，却可以勾起读者强烈的好奇心：为什么主人公说进宫是个意外？进宫前发生了什么？进宫后又发生了什么？读者会非常想继续阅读下文，去文章里寻找答案。

更巧妙的是，结尾设置为"这一年我七十岁，距我入宫已经过去了五十六年"。这篇文章以进宫为始，以年迈为终，给人一种浑然一体之感。

有异曲同工之妙的开头的，还有朱自清先生的《荷塘月色》中的"这几天心里颇不宁静"，《变形记》中的"一天早晨，格里高尔·萨姆沙从不安的睡梦中醒来，发现自己躺在床上变成了一只巨大的甲虫"。

当然，文章不仅有通过简短的一句话来制造悬念的开头，也有通过讲述一个故事为开头的。

一篇写"炫耀"主题的高赞文章在开头讲述了创作者参与的一次同学聚会。一位女同学不顾刚刚遇到感情问题的同学的感受，炫耀起自己的家庭幸福；而很多人私下里都知道，她偶有被家暴的遭遇。

她以一个冲突十足、话题感强的故事作为开篇，吸引读者的同时还不忘留下悬念："后来的生活，是我们没想到的……"以此提示读者，更精彩、更深入、更反转的内容还在下文，激发读者继续阅读下文的兴趣。

留下悬念与伏笔的故事，避免了开篇的平淡冗长，会勾起读者的阅读兴趣，读者会愿意继续阅读下文。

例如一篇阅读量寥寥的关于某知名演艺人士离婚的分析类文章，其开头先把 3 个当事人的百度百科罗列了出来，然后盘点起该演艺人士参演的影视剧，履历拉完花费了四五百字，才来了一句"他们离婚了"，冗余得让人昏昏欲睡。可想而知，这样的开头绝对会让读者纷纷逃离。

3. 引出下文，留住读者阅读全文

一个好的开头，不但要起到先声夺人、引人入胜的作用，还要起到引出下文、留住读者的效果。

一个搞理财的朋友拿来他的文章让我帮着参谋参谋，他的开头是这样写的：

"还在为钱不够花而烦恼吗？想早日实现财富自由吗？老周的《小白理财课》帮你实现愿望！"

我对他说："你这个开头怎么搞得跟个广告似的，就算要打广告，你放在开头，读者一看就会觉得你在'圈钱'，懒得看下去了。"

我陪着他研究了另一篇讲理财的爆款文章，其在开头没有写钱对人的重要性，也没有说理财对积累财富的作用，更没有一上来就打广告，而是先陪着读者算了一笔账：

"房租一个月 2 000 元，

吃饭一个月 1 200 元，

通信费 100 元，水电费 200 元，交通费 200 元……

总计存款：0 元"

明晃晃的账单使得读者联想到自己的生活，会让读者产生代入感和共鸣感。文章话锋一转，又说道："要想摆脱这种现状，请静静地读完文章。"而后在下文中自然地引出理财知识，让读者有所收获。

有些文章的开头会通过提问题来吸引读者，如《为什么越学反而越蠢？碎片化学习是个骗局》一文的开头："所有当代人都面临的两个问题，信息超载和知识碎片化，该如何解决？"

开头提出的这两个问题的确是现代人都面临的，而"如何解决"把这两个问题抛给了读者，留有悬念的同时给了读者一个思考空间。

有一些提问会更加直白且有力度，例如一篇探讨中年女性价值的文章，开头第一句话就问出了"为什么和优秀的同龄人相比，我毫无用处，根本不知道自己想要什么？"

就这么一句话，便戳中了很多人的内心，很多人都很想看看文章描述的处理方法。

由此可见，一篇文章的开头要有故事，但又不能把故事内容全都说完，不然读者看了开头就知道下文，便会放弃读完全篇，所以要留有悬念和伏笔，引导读者阅读全文。

下面我们详细介绍五大开头模板。

4.2.2　开头模板 1：在开头讲一个吸引人的故事

1. 为什么要在开头讲故事

经济学家的研究表明，人的大脑构成与叙事能力紧密相关，所以人们喜欢讲故事、听故事。我们拆解那些爆款文章不难发现，它们中有很大一部分比例的内容都是故事。

（1）故事可以给予读者情感满足，利于认同

读《幸福之路》可以在人生中探寻幸福的奥秘，读《走到人生边上》可以窥见杨绛先生对人生价值、个性本性等形而上学的思考，读《为何越爱越孤独》可以明晰人们在相处中由爱引发的疏离与误解。

故事能带给读者的是一种精神上的情感满足，而只有在开头让读者动了情，读者才能对文章有更深的情感基础，从而愿意继续阅读。

（2）故事可以增强读者记忆，便于传播

"故事是我们人类合作的基础。"

百岁山在做广告宣传时，在展示商品前先在开头化用了老年数学家笛卡尔与妙龄公主的浪漫故事，让百岁山这个品牌具有的高贵与浪漫的元素得以传播；999 感冒灵借助 6 个普通人先寒后暖的平凡故事，让其品牌显得暖心且充满了希望。

如果一篇广告软文，开篇就生硬地推销品牌优势，毫无疑问会让读

者与品牌产生距离感，甚至会让读者对品牌产生厌恶感。但是以一个好的故事作为文章的开始，将品牌优势巧妙地融入故事，就会让读者对品牌留下更加深刻的印象，对品牌的心理接受度也会随之增高。

推荐理财的文章会在开头讲一个穷困潦倒的真人小故事；推荐播音的文章会在开头讲一个女孩如何逆袭、靠播音实现财富自由的故事等。这些文章都因为故事能够加深读者的印象，增强读者的记忆，有利于文章的流传。

2. 在开头讲哪些故事才够吸引人

人们喜欢听故事，但人们也并非什么故事都喜欢，能够吸引人的故事应具备新奇有趣或者有亲和力的特点。

（1）化用新闻故事，体察民生百态

在一篇阅读量 10 万 + 的标题为"中年人'四不配'，×××"的文章中，创作者想说明中年人的时间不属于自己，中年人没有独处时间，没有交友时间，没有休闲时间，所以需要调节与宣泄。

创作者在文章的开头就讲了一个新闻故事。故事内容为一个中年男子抱着电视机到门外看电视，这引来了邻居的关注，原来是他的老婆给孩子报了十几个补习班，一家人每天从早忙到晚，连好好吃顿饭都没时间，结果因为他看电视有声音，就被老婆"赶出了家门"。《中年人，"四不配"，×××》一文的开头如下。

前两天，我看到了一个让人哭笑不得的新闻。

一位妻子因为焦虑教育问题，给孩子报了十几个补习班。

夫妻两人白天上班，孩子放学后晚上还要出去上课，丈夫周末经常加班。

一家人忙得连一起吃饭的时间都没有。

即便如此，妻子晚上还是担心得睡不着觉，责怪丈夫对孩子不上心。

一天晚上，两人刚吵了一架，丈夫打开电视想放松一下。

谁知正在辅导孩子功课的妻子大吼：

"要看出去看！"

丈夫一赌气，竟抱着大电视机来到了门外看。

文章开头这个故事贴切地为整篇文章想要表达的内容奠定了主题，而且这种生活类新闻既会勾起读者看热闹的好奇心，又会让读者觉得这种真实的事件就发生在自己的身边，从而产生信任感，更愿意点击、转发和分享此篇文章。

（2）讲述身边故事，增加亲近关系

在《领导想提拔你，看的从来不是努力》一文里，创作者在开篇讲述了自己的学员因为年龄大被 HR 拒绝的小故事，因为创作者本身在故事中有一定的参与度，所以其在文章中把故事的细节刻画得十分细致，如学员 32 岁，整整 3 个月都在找工作等。《领导想提拔你，看的从来不是努力》一文的开头如下。

前两天收到一封学员的私信。

学员说，自己 32 岁了，找工作找了 3 个月，也被拒绝了 3 个月。

拒绝理由都很统一：公司招聘的是基层岗位，这个年龄，有些不合适。

老师，我今年 32 岁了，从 9 月份开始找工作，找到现在都没有找到。朋友说，行业里这个年龄的人至少都当总监了，可我一直在基层岗位，没有带团队的能力。我应该怎么办啊？

我身边有很多这样的职场人。他们一直待在基层岗位，错过几次升职的机会，忽然有一天，被公司告知：你被淘汰了。

他们从没想到，基层岗位也是有"保质期"的。

创作者在讲自己身边的故事时，由于有亲身感受，就会显得内容真实可信。读者也会被故事中完善的细节所打动，觉得创作者亲和近人，容易产生共鸣。

（3）巧述作品故事，提高文章可读性

有一篇标题为"什么时候起，友情比爱情还要稀缺"的文章的开头，借用了电视剧《沉默的真相》中主人公江阳出狱，其两个好友来接他，三人相视一笑，紧紧拥抱在一起的一个片段故事，紧接着通过作品中的友情引出现实生活中的友情，讲述了一些真实发生的友情故事，抛出了人们需要维护、珍惜友情的主旨。《什么时候起，友情比爱情还要稀缺》

一文的开头如下。

> 国庆假期两天刷完豆瓣的 9.1 高分剧《沉默的真相》，真的太好哭了！
>
> 主人公江阳本是一位有着大好前途的检察官，为了正义，苦苦追寻真相七年。
>
> 为此，他付出了爱情、青春、事业，甚至是生命……
>
> 一口气看完这部剧，最触动的我的一幕是江阳出狱时"平康三杰"再相聚的场景。
>
> 彼时江阳被冤枉受贿判刑三年，走出平康县看守所的他，早已不再意气风发，而是窘迫又苍老。
>
> 以为没有人等自己出狱，他的眼底掠过一丝失望。
>
> 然而看向另一边，发现两位好友如期而至，他的脸上泛起了微笑。

网上丰富的影视资源、书籍资源是创作者天然的素材库，而且这些作品本身就自带受众。创作者在自己的身边找不到恰当的例子时，可以借助这些作品的力量，丰富自己的文章开篇。

3. 怎样讲一个吸引人的故事

了解开篇故事的重要性后，创作者要如何做才能成为一个会讲故事的人呢？

（1）广泛收集素材，丰富自身储备

一位转行做自媒体写作的朋友说，他为了写好一篇稿子，要花 2~3 天的时间收集十几万字的素材。讲故事的前提是自己要有故事可讲，这些故事可以来自自己的身边，其优势是真实可信；也可以通过热点获取，其优势是自备流量；还可以从一些已发行的作品中收集，其优势是"取之不尽、用之不竭"。

（2）明确故事人物，设置相应背景

要讲好一个故事，不能不给故事设定一个主角来推动故事的发展。有了素材之后，创作者需要根据自己想写的主题圈定合适的人物和背景。

金庸先生笔下的江湖人物众多，但每个人都个性鲜明，这有赖于金庸先生的悉心塑造。例如他在塑造韦小宝圆滑市井的性格时，就给了他

一个妓院长大的背景，为他的性格提供了依据；在说明他深明大义时，又通过他不惜性命保护师傅、朋友、心上人等桥段来凸显。

要想让故事深入人心，就要让人物活灵活现，如此才能令读者印象深刻。

（3）精心制造冲突，点燃读者情绪

如果一个故事没有冲突，那这个故事就没有看点。

在一篇阅读量 10 万 + 的标题为"我离婚了"的文章中，创作者便在开头讲述了一个妻子在看了丈夫的手机后决定离婚的故事。

故事的冲突点在于离孩子周岁生日还有一个月，女主人公已经准备好了孩子的礼物，本来可以大家齐聚一堂欢庆孩子周岁。这个时候也许有很多人会选择妥协，可她斩钉截铁地选择了离婚。他们曾经相爱，但她无法接受丈夫的背叛。平静、痛苦、欢乐、悲哀、决裂这些元素在开篇的这个故事中讲述出来，看点十足。

冲突要能引发读者的共鸣，激起读者或难过，或喜悦，或愤怒的情感，其中比较高级的是能引发读者价值观方面的共鸣。只有读者的情绪被点燃，他才会愿意开始进一步的互动行为，如点赞、评论、转发等。

4.2.3　开头模板 2：引用契合的名言或俗语

我的一个朋友小艾，她已尝试自媒体写作半年，她说自己写每篇文章前都会查阅很多素材，酝酿很久后再用真情实感写出来，但她的文章阅读量却一直上不去，所以她十分迷茫。

我读了她的一些文章后，感觉问题主要出在开头。她的文章的开头过于平淡，完全无法吸引读者的注意力。我给她的建议是，引用契合的名言或那些人们熟知的俗语作为开头，是一个不错的选择。

有人说："写文章不就是应该用自己的话来写吗？"对于已经有了名气且有了自己风格的资深创作者来说确实如此，但对于文笔没有那么精练、有特色的新人来说，开头引用名言或俗语就是一种最简单、最有效地吸引读者继续阅读的方法。

1. 引用名言或俗语的好处

（1）拉近创作者和读者的距离

自媒体创作者最忌讳的就是脱离读者，自娱自乐。忽视读者的写作不叫自媒体写作，而叫作私人日记。怎样才能避免脱离大众呢？用一些被大众熟知的名言或俗语作为开头，是一个不错的方法，这样还可以迅速拉近和读者的距离。

曾经获得"豪森登奖"的英国文学家布鲁斯·查特文说过："生活先于文学。"

那些历久不衰的名言、俗语都是在生活中被广泛使用且被大家认可的文字。如果创作者能把它们应用到自己的文章的开头，对于扩大文章的受众面是非常有好处的。

（2）精练文章语言

如今生活节奏不断加快，人们往往没有时间去阅读长篇大论的报告，或者要点不明的"流水账"，大家都喜欢阅读简明扼要的"干货"。

而名言和俗语恰好满足"小而精"的要求，正如高尔基所指出的那样："最大的智慧是在于字句的简洁。谚语和民歌总是简短的，其中所包含的智慧和情感是足够写成整部书的。"

（3）提升整体说服力

文章拥有真情实感固然重要，但也需要有理有据。这时如果能够引用契合的名言或俗语，就会给读者带来一种并非"一家之言"的"立体感"，这样不仅能使你的文章更有说服力，而且你的文章的格调也会变得更高。

牛顿说："如果说我看得比别人更远些，那是因为我站在巨人的肩膀上。"

写作也是如此，引用那些名人名言和脍炙人口的俗语，也相当于把那些语言背后站着的人拉过来给你的文章做了一个潜意识的背书。

2. 引用名言或俗语的注意事项

（1）不要大段引用

名言或俗语虽然很多属于历史文化遗产，引用起来较少会有版权问题，但引用过多，篇幅过长，会极大地影响你的全文观感，甚至变得"喧宾夺主"，而不是"锦上添花"。

如果引用篇幅过长，甚至会影响到文章的原创度，使文章被自媒体平台查重违规，因此创作者不要为了省事而大段引用，以免拉低原创评分。

（2）要"引新不引旧"

有些名言的意思相近，但发言者却属于不同的时代。这时我们应当尽量引用当下名人的言论，以提高文章的时效性，避免"老生常谈"。

例如同样是谈论"英雄不会被忘记"，臧克家的"有的人死了，他却还活着"，就不如莫言的"有些人，你想方设法，都忘不了"来得更加新颖和更符合当下时代的语境。

（3）要和文章相适配

有些自媒体新人在了解上述的好处后，就想要在自己的文章开头罗列一些十分精彩的名言或俗语，全然不顾这些名言或俗语的含义和风格是否和自己文章的主题契合、文风相适。

更有甚者，有些自媒体新人直接对一些双关的名言名句望文生义，明明不是字面上的意思，偏偏牵强附会地用到自己文章的开头，如同将鸭头安在公鸡的身上，让读者啼笑皆非。

例如黑格尔的名言"存在即合理"，其含义只是表示存在的事物有符合它衍生的道理，并不能证明该事物的存在对人类有益。

另外，文风相配也是非常重要的一点。如果你的文章在开头十分精练，恨不得一段话用几十个字表达出丰富的含义，而正文却又绵绵长长，几十个字能说清楚的话却用几百字来表达，那么文章的开头和正文之间就会产生巨大的割裂感，使得读者无所适从，最后弃文而去。

所以，创作者在选用名言、俗语之前，要弄清楚它们的背景和使用环境，判断其是否和自己的文风相配，这是非常重要的一个步骤，心急不得。

4.2.4　开头模板 3：直指痛点

之前我讲解爆款标题技巧的时候，浅谈了关于直击痛点的技巧。接下来我会深入地讲述关于痛点的知识，以及如何才能把痛点完美地融入文章中，让读者开篇就有"疼痛感"，从而吸引读者继续阅读。

1. 为什么会痛

一篇阅读量破百万的爆文在开篇简短地描述了主人公与女友相恋 5 年，却因为没有经济实力，遭到女方家人的反对，本来憧憬的婚姻殿堂轰然崩塌，最后在一个冬天的夜晚，两人争吵后哭泣分手，各奔西东。

（1）痛是欲望与现实的冲突外现

从这篇文章的开头我们以提炼出两个关键的对立面：爱情与物质。

爱情是主人公的内心希望，而阻碍希望的原因是缺乏经济实力，这正是爱情与物质之间的冲突和对立。文章开篇直接指出了核心痛点，让有着相同背景和顾虑的读者"心痛"，使他们想去正文中了解的主人公遭遇的细节和结果。

（2）痛的本质是恐惧

失去了相濡以沫的女友，失去了维系多年的感情，在那个冬天的夜晚，主人公一个人面对着漫漫长夜，内心承受着巨大的伤痛，对未来充满深深的恐惧。而这种恐惧所衍生的痛，是自媒体创作者需要抓住的情感要素。

文章的开篇让有相同经历的读者产生一定的共鸣，用文中主人公的恐惧来感染读者，让读者代入进去，体会分手的切肤之痛。

2. 痛能带来什么

《某某上班族的赚钱秘籍》一文的开头写道："吃喝要用钱，穿衣要用钱，买房要用钱，装修要用钱，结婚要用钱，感觉就连呼吸也都需要钱。但作为普通上班族的我，怎么工作上越忙碌，生活却变得越发穷困？"

（1）锁定读者注意力，激发读者阅读兴趣

可以用一连串的感叹，吸引众多普通人来一探究竟。然后通过读者的心理痛点，进一步引导读者思考。

（2）与读者建立信任感，获得读者认同

找准几个关键的痛点后，能很容易、也很精准地定位了目标群体。读者在阅读时会认为自己和创作者处于同样的环境中，与其属于同一个团体，因此可以轻松地建立起与创作者的信赖关系，从而对创作者的文章产生认同感，愿意相信创作者阐述的故事和方法。

（3）引发读者共鸣，形成传播动力

产生认同感后，读者会在阅读文章时代入自己的真实感受，同时评估创作者给出的方法是否真实可行。在认为文章确实对自己有一定的帮助后，读者会愿意评论、点赞、转发，扩大文章的传播面和影响力。

3. 使用 SCQA 法，帮你精准抓住痛点、解决痛点

SCQA 法是《金字塔原理》中提出的一种结构化表达工具，是情景（Situation）、冲突（Complication）、问题（Question）、答案（Answer）的英文首字母缩写。使用 SCQA 法可以清晰、省时地洞察痛点，解决痛点。SCQA 模型如图 4.1 所示。

SCQA模型

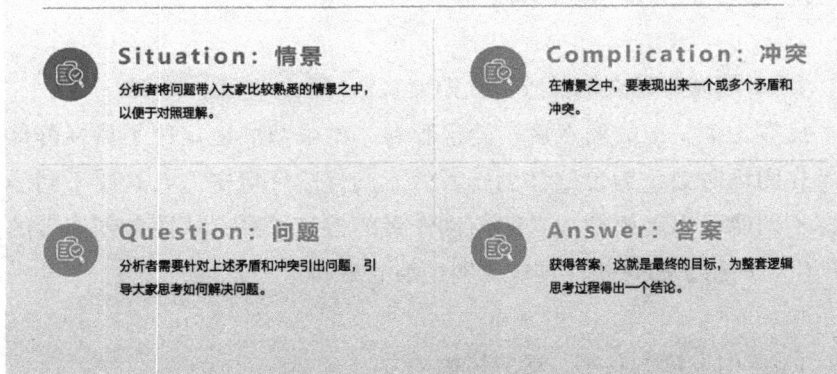

Situation: 情景
分析者将问题带入大家比较熟悉的情景之中，以便于对照理解。

Complication: 冲突
在情景之中，要表现出来一个或多个矛盾和冲突。

Question: 问题
分析者需要针对上述矛盾和冲突引出问题，引导大家思考如何解决问题。

Answer: 答案
获得答案，这就是最终的目标，为整套逻辑思考过程得出一个结论。

图 4.1　SCQA 模型

　　例如电影《悲伤 × × 成河》的豆瓣评分仅 5.9 分，但这并没有影响到它的总票房，在上映院线的青春文艺片中占据了一席之地。这里并不是宣传低评分的电影，而是从别的方向分析电影的优点，来探究获得高票房的原因。

　　这部电影就可以采取 SCQA 法进行痛点分析。

（1）S: 构建相应情景，完成目标受众画像

　　该电影的受众毫无疑问是学生，而后续有关机构的调查也证实了这一点，从 9 万个观众的抽查中得出了结论——观众平均年龄为 20 岁左右。确定了受众，电影选用的主场景就是校园内的生活，让观众能够迅速代入自身，进而对里面的人物产生共鸣。

　　在构思一篇文章的开头时，创作者也应先确定受众的画像，细化到年龄、职业、收入情况等。明确地知道自己的受众，才能准确地捕捉受众的痛点；然后构建出他们熟悉的环境，方便他们找出环境的共同点，进而产生参与感。

（2）C: 收集素材，归纳冲突

　　该电影中有着一系列冲突点，包括校园暴力、家庭失败的教育、生

活的百般艰辛、富人对穷人的种种歧视等。

创作者确定好文章背景后，就要收集素材，找寻能够戳中读者内心的剧烈冲突。

这一步不能仅仅停留在冥思苦想的阶段，创作者应该根据自己圈定的背景和范围大量搜索资料，在资料里归纳出目标读者的情绪、现状、想法、需求和期待，将其一一罗列出来后，再找矛盾和对立的因素，总结冲突。

（3）Q：分析矛盾与冲突，振聋发聩地提出问题

创作者在写作时，需要对归纳总结的冲突进行分析。创作者在行文时，要重点突出矛盾和冲突：冲突越强烈，痛点会越强烈；矛盾越大，解决问题的渴望感就越强。

该电影中表现这种矛盾和冲突的片段有很多，将问题也展现得十分到位。

如果创作者确立了"男性与女性的思维差异"这个冲突，还需要举一些实际的例子，如他们对待理想的态度、对待家庭的态度等的不同，来多方面渲染冲突，使冲突更加生动、猛烈。

（4）A：给出解决问题的具体方案

该电影中的冲突点过多过密，且电影限于篇幅，并没有提出有效的针对冲突的解决方案。

创作者在行文时切忌一味描述痛点，却不给痛点解决方案。例如一直在强调职场困境，却不提走出职场困境的方法论。读者偏好有价值输出的文章，期望从文章中获取解决现实难题的方法。因此，在直指痛点后，创作者务必要阐明解决思路、解决方式以及预期效果。

4.2.5 开头模板4：设置前后呼应的悬念

悬念意味着未知，而未知意味着好奇，而好奇心是读者产生阅读意愿的重要因素。

1. 设置悬念的方法

（1）回忆式悬念

这是如今最常见的设置悬念的方法，它通常不按事件发生的时间顺序来讲述故事，而是先给出结尾的一个场景，然后引出故事的开头。其写作格式为"××年后，某人在一个比较狭小的环境中，回忆起曾经的某事"，写作要点为"滞后的时间（如多少年后，曾经，从前等）"和"某人的回忆（如怀念，眼前闪过一幕幕等）"。

例如海明威的名作《老人与海》的开头是这样写的：

他是一个老人，独驾一叶轻舟，漂荡于墨西哥湾流之中，整整八十四天过去了，他仍然一无所获。

看完这个开头，读者自然会好奇：这位老人为什么要钓鱼？过去的84天都发生了什么？这样的疑问会吸引读者继续读下去，以探究老人的过去。

（2）对话式悬念

该方法主要用于早期戏剧创作，如今也不失为设置悬念的一种手段。其写作要点为通过两人的对话，引入身份不明的第三者或其他事物，使读者有兴趣去探究这个第三者的实际身份。

例如一篇以"礼物"为标题的文章的开头这样写道：

我把蛋糕放在父亲面前，他拿起一块尝了一口，说道："嗯，不错。"

"我想她会喜欢的。"我说。

父亲沉默了一会儿，回答道："她一定会喜欢的。"

这对父子的对话中有一个第三者"她"，读者看到后就会产生疑问："她"是谁？蛋糕和"她"究竟有什么关系？因此，读者会产生阅读下文的兴趣。

当然，你也可以把回忆式悬念和对话式悬念结合起来，达到"一石二鸟"的效果。例如某篇战争题材的小说的开头这样写道：

"我不行啦，小王。"班长挣扎起身子，苦笑着说，"我恐怕不能兑现曾经的诺言了。"

这里的对话中引出了曾经的事情，使读者急切地想知道班长过去许

掌握写作密码，做好个人IP：技巧、写法、运营的高能手册

下了什么诺言。

2. 设置悬念的要点

（1）简短

从上面的例子可以看出，通常悬念的篇幅都非常简短，且"犹抱琵琶半遮面"。这一方面是为了给读者更少的信息以勾起读者强烈的好奇心；另一方面，创作者应时刻记住悬念是为文章主体服务的，不能"喧宾夺主"。过于丰富的悬念不仅篇幅显得冗长，还容易冲淡文章主体，更有可能被读者直接看破，这都是创作者需要尽力要避免的。

（2）有强烈的冲突

这里的冲突可以是一个极端的环境，例如《百年孤独》开头写道：

"多年以后，奥雷连诺上校站在行刑队面前，准会想起父亲带他去参观冰块的那个遥远的下午。"

这是一个非常残酷的场景。读者在看完这个开头后，神经会立马紧绷起来，这个人犯了什么罪？他为什么会在临刑前想起某个下午？

当然，冲突也可以表现在人物关系上，典型方法就是通过构造强烈的反差来吸引读者的探究心理，例如一篇记述婚姻情感的文章开头这样写道：

"我无法相信，眼前这个凶残至极的禽兽，曾经是多么的体贴和温柔。"

这种通过前后关系对比勾勒的悬念，使读者想要了解过去发生了什么事情使"眼前"这个人发生性格上的极大转变。

3. 设置悬念的注意事项

（1）区分"悬念"与"噱头"

日本推理作家土屋隆夫曾经说过："悬疑小说即诈术的文学。"

身为创作者，我们非常清楚故事的来龙去脉，只不过是挑选了一个特殊的片段，"精心包装"后呈现给读者，所以悬念也可以算是一种"诈术"。

更重要的是，随着剧情的推进，这个"诈术"是由我们亲自揭穿的。所以大家在设置悬念时一定要注意把握分寸，不要把前面写得"玄之又玄"，那样就不是"设置悬念"，而是"故弄玄虚"了，在后面真相大白时很容易让读者形成心理落差——原来你写的都是骗人的，你也容易被扣上"华而不实"的帽子。

（2）要尽快点破谜底

当前面的悬念成功吸引读者往下看文章后，创作者应尽快揭示谜底，不要一直吊着读者的胃口，以免读者产生厌恶感或忘掉了这个悬念。

例如《礼物》一文在提到"她"后，马上点破这是主人公过世的母亲，主人公之前最喜欢吃"她"做的蛋糕，因此想通过做出一样的蛋糕来祭奠"她"。此文剧情层层推进，悬念设置得很成功。

4.2.6　开头模板 5：描述产生共鸣的场景

共鸣场景法是一种比较经典的文章开头方法。该方法能够让读者迅速将自己代入故事中，从而提升用户沉浸感，形成稳定的受众群体。

1. 共鸣类型

（1）经历共鸣

这是一种比较常见的起笔方式，通常是简单地描述一件事情的结果，进而使有过类似经历的群体产生共鸣。

例如受众是学生，那么开头可以写"我又考砸了 / 我终于通过了××考试"，可以从正反两面自由发挥。

又如受众是职员，那么可以以加班 / 升职等为切入点。总而言之，描述与受众群体的经历交集，是最能让其产生共鸣的地方。

（2）情感共鸣

情感共鸣主要表现为三观共鸣，诸如爱恨、是非、善恶等都是比较常见的共鸣情感。

鲜明地表达创作者的价值观时，自然容易吸引持有相同观点的人群阅读。

2. 描述共鸣场景的要点

（1）找准受众群体

如前所述，不同受众群体的共鸣场景是不一样的。虽然喜怒哀乐是大众共有的感情，但每个年龄段的人群的情感侧重点不尽相同。

例如焦虑，从少年到老年都会有。但学生会为买房还贷感到焦虑吗？退休干部会为期末考试感到压力吗？由此可见，在描述共鸣场景前，创作者一定要明确自己的目标受众是哪些人，这样才能描述出感知强烈的共鸣场景。

（2）简约而不简单

描述共鸣场景并不是越详细越好，太过详细会使读者眼花缭乱、分辨不清主次；当然也不是越简单越好，太过简单无法形成画面感，会让读者感到不知所云。描述共鸣场景最关键的是要提到那些具有代表性的事和物。

例如歌手赵雷的曲目《成都》的歌词里这样写道：

"深秋嫩绿的垂柳，亲吻着我额头。在那座阴雨的小城里，我从未忘记你。"

虽然只是短短的几句话，但非常有画面感——垂柳和阴雨都象征着离别，加上亲吻额头的动作，配合"从未忘记你"的叙述，都表达了作者依依不舍的情感。相信不少恋人都曾经历过类似的场景，所以场景加情感双重共鸣，效果一下子就上去了。

（3）多用类比或比喻手法

对于情感描写，如果没有过硬的文笔素质的话，直接描写往往是苍白无力的。新手经常会通过堆砌形容词来尽可能使描述准确，殊不知这样反而会让读者觉得啰唆，多用类比或比喻手法，可以解决这一问题。

又如在形容"时势造英雄"时，很多人有不同的说法；大众尤其记得雷军那句"站在风口上，猪也能飞起来"，因为它比喻贴切、画面感强烈。

3. 描述共鸣场景的方法

（1）揣度人意，换位思考

很多人以为要想引起读者的共鸣，首先要先树立自己的特色，然后吸引读者；实际上恰恰相反，创作者要从读者的角度出发，揣摩他们的所思所想，才能写出直击他们心灵的句子。创作者要时刻意识到自媒体写作属于半服务行业，主从关系一定要把握好。

例如同样是看到晚霞，如果是青少年，他们会觉得晚霞绚丽多姿。这时在描述场景时就可以多加入一些形容词，或是采用诗句这种特殊的文体，如"夕阳美如画，清风醉晚霞；温婉拥雅韵，墨色度芳华。"这些唯美的辞藻，能打动青少年那颗懵懂躁动的心灵，使读者的体验感立马上升。

（2）亲身考察，提高真实感

写作并非是一件"闭门造车"的事情，它需要创作者亲身考察，这样才能形成自己独到的见解。

正如鲁迅所说："作者写出创作来，对于其中的事情，虽然不必亲历过，最好是经历过。"一个人凭空捏造的场景是经不住细节检验的，想获得他人的信任和理解更是无从谈起。

当然，写作也不是要"事必躬亲"。身处这样一个信息化时代，我们很容易从身边的亲友或互联网上了解到某个场景的具体的体验。但我要强调的是，对于这种"间接性调查"一定要做到信息源多、调查度广，这样才能比较完整地描述出一个虚拟场景，也不会因为某些疏漏而贻笑大方。

以上介绍了5个比较常见的开头模板，包括讲一个吸引人的故事、引用契合的名言或俗语、直指痛点、设置前后呼应的悬念、描述产生共鸣的场景。

综合来说，自媒体写作的开头模板并非固定的，其开头也并非选用一种开头模板就足够了，在不同的内容和风格中，新人可以尝试使用不同的开头模板来进行创作，甚至可以融合所有开头模板的风格特点。

例如开篇讲述了一个故事，故事里面有悬念，读者从熟悉的场景中产生了共鸣，感同身受般地经历着主人公的痛楚，故事里面还引用了金句（名言）来升华文章的格调。这样的开头，又怎么会不吸引读者继续阅读下去呢？

4.3　自媒体写作的核心是内容

如果说一篇文章是一件商品，那么标题毫无疑问就是商品的外包装和 LOGO，作用是吸引周边行人的驻足。开篇则是该商品的试用装，作用是进一步引起顾客的兴趣，让其愿意尝试并购买商品；而商品的内容，就是商品的核心口碑，它不仅决定着这件商品的命运，甚至还决定着下一件、再下一件，乃至更多这个品牌的商品的命运。

4.3.1　内容的可信度和辨识度

1. 内容具有可信度的重要性

无论是哪一个行业，诚信都是做人之本，守信都是立业之基。而自媒体写作的核心——内容，就更应该具有可信度。

托尔斯泰说过："要做真正的知己，就必须互相信任。"

这句话适用于知己之间，同样适用于创作者与读者之间。人心换人心，信任是相互的，只有提高内容的可信度，读者才愿意忠实于你，也才会对你推荐的内容充分信任。

（1）缺乏可信度，不利于可持续发展

某网红品牌床垫被爆出虚假宣传，被行政机关罚款 10 万元。其在各大自媒体平台上大肆宣发的内容描述该床垫有镇静益智、降压降脂、减肥瘦身等功效，经消费者与相关部门验证，这些均是该品牌为了提高销

量的虚假说辞。

此事爆出后，该品牌口碑一落千丈，所有宣发它具有上述功效的自媒体 ID 被平台处罚的、注销账号的、公开道歉的不胜其数。消费者觉得这种床垫的经销商是十足的骗子，而某些自媒体 ID 因为收了好处，全然不顾内容的真实性，用软文吹捧厂商，注定难以长久发展，更不要说获得受众的信任了。

在当今信息繁荣芜杂、真假掺杂的现状下，创作者更应该坚守本心，不随波逐流，尽量发布真实、准确、可信的内容，否则，终将会被读者抛弃，受到公众的严厉指责。

（2）有可信度，才有口碑

作家徐则臣认为，每一部作品都必须要赢得读者的信任。而这种信任，是点滴积累起来的。

只有积累起读者的信任，内容的口碑才能有正向的反馈，以此才能积攒下忠实的读者支持自己的后续发展。

毫无疑问，创作者不可能完全写真实的故事，但是虚构的故事其实也是创作者在真实可信的常识或知识下加工形成的。例如像悬疑小说销量已突破 1 000 万册的蔡骏说过："我所谓的脑洞，都只是在生活的背景上，对真实可能发生的情节进行了一些新的想象。"

蔡骏在写《万圣节的焰火葬礼一夜》时，不远千里与一位在殡仪馆工作的人员见面，通过详谈了解了入殓师的工作及其工作流程和业内人士才知道的一些细节，然后以此为依据开始构筑文章，其内容的真实度一度让读者觉得这就是现实的殡仪馆日常。

所以，要想经得起行业与时间的考验，创作者首先要满足保证创作内容的可信度这一基本要求。

（3）有可信度，才有收益

知乎上的一位"好物推荐官"靠着自己在文章中推荐烘焙电器，每月至少可获得数万元的收入。这完全是源于读者对她创作内容的真心信任。她推荐的每一款产品都是自己切切实实使用过的，她从不盲目夸赞产品，会把产品的优点和瑕疵都阐述得十分清晰、客观。她把评测落到了细节和实处，切身地为自己的读者着想，读者自然也会放心地根据她的推荐来购买产品。

而另一位护肤类的"网红"博主在"双十一"带货直播中的退货率高达 97%，表面成交额达数十万元，实际成交额不足万元。她不仅因此名声一落千丈，被粉丝群质疑，还引来了相关部门对带货现象的重视。

由此可知，要想靠着自媒体写作来"发家致富"，前提是要保证自己发布的内容真实可信。

2. 内容具有辨识度的重要性

"好的小说，必须具备一定的辨识度。"

辨识度可以是与其他创作者不同的叙事手法，也可以是创作者构建出的独特世界观，还可以是作品展现出的内容丰富性。

在同质化现象严重的今天，内容的辨识度是创作者脱颖而出的重要保障。

（1）没有辨识度，就没有关注

我认识的一个世界 500 强的 HR，她在校招季每天会收到上百份简历。她筛选简历非常迅速，众多的简历被她扫过一眼，短短十几秒就直接被甩了出来。我问她不再仔细看看吗？她说不用看了，甩出去的那些简历写得都差不多，求职者的能力（资料）十分平庸，毫无特色和辨识度。

大学生的简历就如同自媒体文章，读者在短时间内就会决定去留，内容的辨识度在任何场景下都异常重要。没有读者会喜欢重复的、平庸的、同质化的内容。那些能吸引众多读者关注的创作者，其作品一定拥有某种吸引人的特质。

（2）有辨识度，才有记忆点

B 站的知名电影解说人在每篇文案的开篇都会用一段相同的自我介绍，搭配着他特别的嗓音和朗朗上口的文本，在大众心中留下了深刻的印象。关注他的人不用看内容也不用看发布者，只要听到这段文案就知道肯定是他的作品。

当代人的阅读速度极快，特别是浏览网页时，人们注意力集中的时间往往只有一刹那。内容的辨识度足够高，才能在读者的脑海中形成记忆点，而被记住、被关注是被读者喜欢的前提。

（3）有辨识度，才有竞争力

罗振宇在罗辑思维栏目中提出，"如若没有清晰的辨识度，就很难争夺用户、脱颖而出。"

知乎的"大V"蓝某能在知乎"好物推荐"中创下"带货"数千万的传奇，是因为他进行了精准详尽和绝对真实的试用。即便推销单价上万元的商品，他依旧还是投资数万元，先买回同类的商品，然后在工作室里试用一段时间，对比同类商品的数据和优缺点，写出详尽的真实体验。

身家过亿元的美食博主之所以能够驰名国内外，是因为她拥有特有的"古香古色"的中国传统元素。《人间失格》能登上"2020年当当网销量榜"，也是因为它怡情与文化融合的独特定位，让其从众多同类型的书籍中脱颖而出。

可见，要想在众多同类型的作品中突破重围，内容就一定要有标签、有辨识度，形成自己的差异化优势。

3. 如何提高内容的可信度和辨识度

可信度重"真"，辨识度重"异"，创作者要从真出发，寻找差异与突破。

（1）事必亲为，谨慎求真

某位"带货大咖"说自己"带货"时，讲述的都是自己亲自测评产品时的真实感受，自己所出具的每一个数据都是自己的科学统计或者有权威的出处。

要想提高内容的可信度与辨识度，创作者就不能靠想象和抄袭"闭门造车"，说出的每个评价都要有所依据，给出的每个数据都要真实，这样的内容才有可信度。而且由于创作者本人的经历、主观感受等难以被复制，其内容自然也就区别于其他自媒体创作者的内容，有了较高的辨识度。

（2）精准定位，打造 IP

IP 的重要性被越来越多的人意识到，打造 IP 首先要凸显自己的与众不同，并在垂直领域深耕，打造自己的专业性。例如某知名法律老师就以自己的幽默、专业、深刻著称，一年内在各大自媒体平台上就吸粉上千万。

幽默可以来源于创作者本身的性格，创作者可以由此延伸出温暖、可爱、犀利等 IP 特质，提高自己的辨识度；而专业和深刻则是深耕垂直领域的结果，创作者需要长期关注自己领域的最新消息，形成自己的见解和分析方法，致力于用这些专业能力为读者解决一些实际问题，从而提高自己 IP 的可信度。

（3）大胆创新，小心求证

《三体》中提出了"升维"与"降维"的概念，其可作为破局、竞争的指导理论被广泛应用在各行各业中，其本质与核心在于创新，只有拥有创新能力，才能摆脱同质化。"创作者"的"创"有创造、开创、创新之意，创作者要勇敢创新，大胆思考，但在敢想的同时也要注意落实。

某位作家说过："现在的青年作家不是没有写作的抱负，而是不知道写作的限制。"

写作的限制即指内容的真实性、物质性、客观性。创作者在创作时应该对自己写出的每个字负责，找到相关的佐证，让自己的内容有厚度、有分量、有意义。

4.3.2　内容的代入感和共鸣感

我在介绍如何写文章开头时，就介绍了如何描述产生共鸣的场景，让读者能够代入自身，从而不会弃文而逃。不仅是开头，自媒体写作的正文内容更应该如此，要能有效带动读者的情绪，使其产生共鸣，这样才能让读者不知不觉地看到最后。

1. 内容需要有代入感

代入感即心理学的"投射性认同理论"，个体将自己的一部分以投射幻想的形式放置在另外一个人的身上，并设法从内部控制那个人，做出一定的行为。而将其映射到写作中可以解释为，只有文章让读者有身临其境的感觉，他才能想作者所想，思作者所思。

（1）有代入感，可以吸引精准的受众

一篇标题为"比工资低更危险的职场现象，你中了几条"的爆文中列举了以下几个职场现象。

- ·工作安逸平淡，一眼可知几十年的结果
- ·退居二线，忽视一线
- ·与老板关系不好
- ·被动接受工作，价值感低
- ·喜欢单枪匹马，不去主动领导别人
- ·打开通信录，可利用的人际关系太少

可以看出，几乎每一个现象都可以对应一个群体。读者在读这篇文章时由于职场人的身份标签，会不由自主地对号入座、代入自己，从而产生一定的危机感，读过创作者提出的解决方法后又会有释然的感觉。

代入感强的文章可以借助年龄、职业、性别、收入等身份类标签让读者成为文中人，准确地捕获目标受众。

（2）有代入感，可以拉近与读者的距离

我看过一位靠自媒体写作年入百万的创作者的文章，他有着极为丰富的人生阅历，他的大多数文章的特点是在质朴浅显的故事中透露人生哲理。他的每篇文章基本都含有一个他亲身经历的故事，他会以第一人称娓娓道来。而实际上大多数读者在日常生活中都经历过这些故事，所以格外有熟悉感和代入感。

有人问他如何写作，他说他没什么大的技巧，就是把写作当作与读者对话，平时他怎么和别人说话，文章就怎么写。

正是他这种从生活中找素材、以朋友口吻诚恳叙事的态度，让读者觉得他是一个接地气、有亲和力的人。因此他的读者都很喜欢、信赖他，他的粉丝黏度也就非常高。

（3）有代入感，可以获取读者的认同

人们称欧·亨利的小说结局具有"情理之中，意料之外"的特点，这是因为单看他的小说的结局会觉得荒诞、出乎意料，但是如果联系前文又会觉得那是最合理的结局。

由此可见，大部分读者直接看结局的话并不会认同作者的处理，而让他们从不认同到赞赏的过渡桥梁就是文章内容的代入感。作者通过对人物的生活背景、性格特点的刻画，让读者代入主人公的身份里去思考、做决定，从而会对其处理产生认同。

因此，要想让读者认同自己的理念、价值观和感受，使内容具有代入感是关键。如果读者游离在文章内容之外，以局外人的视线去看你的文章，你是很难获得读者的认同的。

2. 内容不仅要有代入感，还要引发共鸣

代入感是引发共鸣感的前提，而共鸣是读者相信作品、喜欢作品、传播作品的前提。

（1）有共鸣，读者才愿意相信

李诞的《候场》一经面世，就引起广泛的关注和共鸣。刘擎指出，这是一部真诚的作品，本来觉得其遣词造句有些无病呻吟，但最终仍被其内容的真诚给说服了。

《候场》中讲述了年轻的脱口秀演员从初出茅庐，到做到一定的业务规模后，开始与领导、下属、朋友周旋，开始面对名利场诱惑的纠结，开始面对生活的迷茫与困惑，揭示了当代青年从业者的精神症候，引发了在职场中打拼的年轻一代的共鸣。

恰是因为有这种共鸣存在，读者联系自身，才愿意相信书中人的渴望、迷惘与抑郁。

（2）有共鸣，读者才愿意深思

畅销书《长夜难明》作为一部现实题材的悬疑推理作品，通过无限贴近真实社会的文本引起了读者的感触与共鸣。读者从书里能深切体会到在官商勾结下，那正直的检察官的无奈，感受到为学生伸张正义的老

师的一腔热血。

　　大家在为书中人的命运惋惜之余，也对现实生活进行了反思，有了"愿真相永不再沉默""纵使长夜难明，有人舍命燃灯"等在大众间广泛传播的思想和观点。

　　可见，因为有共鸣，所以读者愿意对作品进行更深层次的思考，这使得作品具备更大的沉淀价值，历经岁月而不衰。

（3）有共鸣，读者才愿意传播

　　有句话说："只有你的内容、模式引起了市场、资本以及用户的共鸣，才算真正完成了一场有效的传播，才算真正的成功。"

　　读者一旦对作品产生共鸣，就会愿意将自己的感悟和作品中的感人之处分享出来，传递给身边的人，从而成为内容的传播者，也就是行业里面常说的"自来水"。

3. 怎样才能写出有代入感和共鸣感的内容

　　要想写出代入感和共鸣感强的文章，创作者应注意细节处理、情感处理，多体验生活。

（1）多用第一人称

　　"我""我们"等第一人称带有天然的亲和力，容易使读者代入文中，从第一视角感受作品中人物的见闻与情感，产生深深的代入感和强烈的共鸣感。

　　故事讲罢，读者的情绪也能陷在其中，久久无法释怀，如文中主角一般，悲哀、愤怒，却又被生活逼迫得无可奈何。

（2）增强对生活的洞察力

　　"脱口秀大会"的"段子"总是具有极强的代入感和共鸣感，这是因为选手非常善于调侃生活、讽刺生活。如"北京的地铁如宇宙一样没有尽头""飞机上像鸭子一样吵闹的孩童""买的衣柜包送不包装"等经典"梗"，观众每听一次就开怀大笑一次。

　　细细品味，我们会发现她的每一个段子都是对日常生活进行加工形成的，而这就需要创作者能留心观察生活、感受生活，增强对生活的洞察力。生活化的例子式是最具有代入感、最能引起读者共鸣的素材。

（3）注重对细节的刻画

东野圭吾的《解忧杂货铺》将温馨与曙光传递到了每一个读者的心中，值得一提的是他对细节的极致刻画。

浪矢爷爷提笔认真回信的样子，人们在遇到烦恼彷徨无措的模样，宁静且具有时代感的浪矢杂货店，从人物到情节，从环境到情绪，作者都用仿佛是画笔的文字一点点细致地描摹了出来。

因此，如果创作者能充分地填充细节，将会提高内容的立体感和真实感，进而让读者得以代入，对内容产生共鸣。

4.3.3 写好内容的高级技巧，风吹草伏现金莲

前面解析了自媒体内容需要具备可信度和辨识度，让读者有代入感和共鸣感。接下来分享一个十分有用的技巧，那就是利用伏笔来让你的内容变得生动。

茅盾在《无题》中说："我是处处有呼应，——嗯，处处有伏笔。"

一篇优秀的文章，一个好的伏笔，能让读者在不经意间感受到风吹草伏，继而发现那朵特别盛开的金莲，让读者在意外中发现不一样的惊喜和感动。

我们可以从以下两个方面来设置伏笔，令读者感受到"润物细无声"的美妙与特别。

1. 为事件发展铺设伏笔，最后在不经意间让读者豁然开朗

好的内容会有比较自然的伏笔，读者在阅读过程中会在某个描述点和事件上豁然开朗，想起伏笔的含义，拍案叫绝。

例如欧·亨利的短篇小说《最后的常春藤叶》叙述了主人公琼珊将不久于人世的悲惨境遇，在对人物、事件展开描述后，隐晦地传达了常春藤叶全部飘落时，也许就是主人公离世的时刻。

正因为有了对事情发展埋下的伏笔，才有了后面穷困潦倒的贝尔曼先

生画下最后一片常春藤叶，让主人公重新燃起生命希望的精彩故事结尾。

又如都德的《最后一课》，讲述的是在普法战争中，被普鲁士强行占领的一所乡村小学的故事，文中的这一课是主人公告别自己母语的最后一堂课。

开篇从孩童无忧无虑的视角展开叙述，天气和煦、晴朗无云，他还犹豫着是否要跑去上课，全然没有感受到战争的残酷和血腥，也没有感受到沦陷区的屈辱和故土难离的深切思念。

但文章的第三段、第四段提到普鲁士士兵正在操练，许多人在镇公所的布告牌前边站着，已经埋下了战争失败、割地赔款，甚至严禁母语教学的结局，在不经意间已经奠定了最后下课时，韩麦尔老师哽咽、悲怆的基调。

创作者要注意的是，在事物发展的线索上埋伏笔时，一定要自然简洁，符合逻辑，隐约可见而不露全貌，这样才能让读者产生极大的追读兴趣。

因此，一个好的伏笔能抓住文章的主要脉络，也能让读者在不经意间跟着创作者的思路了解整个故事的发展乃至结局，令人回味无穷。

2. 伏而不露、明断暗连，意料之外又暗合情理

好的伏笔应该能够伏而不露、明断暗连，看似与文章所要表达的主体没有关系，实则暗藏了情节铺垫。

例如鲁迅的《社戏》，描写了月下划船去看戏的故事，提到了碧绿的豆麦田，看似闲笔描述景象，让读者感受景色的优美，契合看戏的那种惬意和自在；实则"闲笔"并不"闲"，其中还有明断暗连的表达手法，只有读了后面的内容才能一览全貌。对豆麦田景色的描写，其实是为小伙伴们看戏归来时偷豆吃所埋下的伏笔。

这样的伏而不露令读者以为文章的重点是看戏，实则文章暗蕴童真童趣和对农家朋友诚挚情谊的眷念。

又如莫泊桑的《项链》，讲述了主人公玛蒂尔德借了朋友的一条钻石项链来炫耀自己的美丽，却不慎在舞会中丢失了，最后只得瞒着朋友买了一条新的项链给她，自己却背上了高额的债务，10年终于辛苦还完债务，朋友却告诉她，借给她的那条项链只是一条廉价的假钻石项链的

故事。

在文章的开头，作者实际已经埋下了伏笔，"因此她又梦想那些丰盛精美的筵席了，梦想那些光辉灿烂的银器皿了，梦想那些满绣着仙境般的园林和其间的古装仕女以及古怪飞禽的壁衣了；她梦想那些用名贵的盘子盛着的佳肴美味了，梦想那些在吃着一份肉色粉红的鲈鱼或者一份松鸡翅膀的时候带着爽朗的微笑去细听的情话了。"

满心爱慕虚荣的她，不顾自己的实际生活，整日活在幻想中，她最后的结局已经被揭示了出来。

这种层层递进的伏笔，使故事的结尾看似意外，实则必然。

综上所述，一篇文章可以多利用伏笔来丰富其层次空间，在一些简单的描述中埋下伏笔，利用前铺垫、后结尾的彼此呼应，让读者产生一种意料之外、又在情理之中的阅读享受。

4.3.4　那些看起来很好却失败的内容

我的一个文笔、写作技巧都不错的朋友阿雷，他在 2019 年年初开始做自媒体写作。一年多过去了，他却迟迟无法做到稳步提升名气和吸引粉丝。后来他看我仅写作一年，无论是点赞数还是喜欢数都排在知乎 3 亿注册 ID 的前列，觉得十分迷惑不解。

我先给他说了一些写作技巧，他说这些写作技巧他都懂，大多数自媒体创作者，例如百万粉丝的某某、号称"才子"的某某，其实文章都写得很一般。水平并不比他高，但他就是没有粉丝欣赏，他弄不懂这是怎么回事，莫不是自媒体读者的档次太低了。

我看着他"孤芳自赏"的样子，知道估计我怎么说，他也听不进去。实际上，即便是自媒体写作的门槛较低，也有很多需要沉下心来打磨的地方，而不是写作技巧好、文笔好就能掩饰一切。

著名作家毕淑敏曾说："切莫只贪图鞋的华贵，而委屈了自己的脚。"这句话的意思是只有适合的，才是最好的。有些东西看起来很好，但如果与内容不匹配，强行嵌套很有可能会适得其反。

1. 看似唯美，实则空洞

在自媒体写作中，文笔更注重逻辑性、条理性。如果只一味地堆砌华丽词藻，追求虚渺意境，则写出的文章有可能言之无物，使读者感觉不知所云。

例如被大家当作经典反面例子的甜橙广告，用了"甘甜动人，触动你的味蕾"这句话。

"触动味蕾"看起来十分文艺，但细细品味便会发现其中的漏洞。首先，并不是所有人都对甜味敏感，有的人喜欢酸味，那么也许"酸"更能刺激他的味蕾；其次，这句话没有体现出橙子甘甜的程度，看完这个表达，读者依然不知道橙子到底有多甜。

而被某推广课程作为案例讲解的"神级"文案"甜过初恋"，则不仅描写出了橙子的甜美，还勾起了读者对初恋的美好的感觉。

所以创作者要注意内容的贴切性和生动性，而不是盲目地追求意境和文艺。

著名哲学家李泽厚在点评当代作者时，认为文字中的深刻和力量感要比空洞的意境更打动人。然而现在有很多作品只注重形式，却忽视了本质的力量。例如 2020 年有一部被观众吐槽的以抑郁症为主题的电影，虽然抑郁症的主题看上去很好、很有意义，但它通篇都和抑郁症没有深切关联，被很多观众和真正患有抑郁症的群体批评——披着抑郁症的空壳，洒着与抑郁症无关的"狗血"。

故而创作者在选材时，一定要做好前期的基础调研工作，真正明确你的主题想传达出的力量。例如你想赞颂爱情，如果要进行自媒体写作，就不可一直用云、风、星、月来虚幻地雕饰语句，而应该举出更真实的例子，表述主人公在爱情中的感受。

当然也不是说自媒体文章的语言不可以文艺唯美，而是要在有血有肉的基础上去润色语言，而非浮华虚无。

例如作家八月长安的《最好的我们》，没有青春小说的失忆、堕胎"套路"，有的是清新又唯美的年少时光；她的另一部作品《时间的女儿》，以同样婉约清新的笔触讲述了她自己在成长道路上遇到的形形色色的人，内容细腻又让人有共鸣感，使得无数读者潜然泪下。

因此，真正能触动读者的内容，不单需要写作技巧的支撑，更需要情感与力量的传递。

2. 看似高深，实则缺少内核

自媒体文章面向的读者不仅仅是凤毛麟角的文学大师，更是全网的大众，这些读者有的只有初中学历，有的年龄尚小，如果大谈嚆矢（hāo shǐ）、振翮（zhèn hé）这类生僻字，很多读者可能会被文章吓到，直接关闭文章。

自媒体写作的关键在于尽可能把一些高深的理论讲得通俗易懂。例如在网络上无意走红的法学老师罗老师在讲复杂枯燥的法律时，总是会结合热点或者日常小事，让法律条文不再晦涩，甚至很多非法学专业的人都会津津有味地听罗老师讲课。

德国哲学家叔本华说："炫耀自己的才华，卖弄自己的精明，只不过是旁敲侧击地嘲笑别人愚钝和无能。"

所以当创作者大肆使用一些读者看不懂的内容炫耀才华时，读者不但不会钦佩，甚至有可能心生厌恶。让读者读懂你的内容，是创作者对读者最基本的尊重。

海德格尔、麦金泰尔、卡尔维诺等大众并不熟知的名人在《生活在树上》一文中穿梭，而将这篇文章用常规的语言翻译过来，其实它翻来覆去地在表达同一个意思，而且是"仰望星空与脚踏实地"这种浅显表层的观点。它用最拗口复杂的文字表述出简单无奇的道理，不由让人觉得"金玉其外"、思想浅薄罢了。

真正高明的人往往会使用通俗易懂的话语传递独特深邃而又新奇的思想。某粉丝百万的职场达人在讲"个人价值稀缺性"时会用35岁副总辞职去大公司历练、学英语、读硕士的例子来激励读者；在讲"隐性价值"时会用考证周期长、无法立竿见影看到回报的例子，传授给读者系统化的知识。

可见，真正的高深都是春风化雨般，把复杂的价值、科学观浅显化，使其更便于传达给读者，而不是用"掉书袋"的方式故作高深。只有读者理解了你的文章的价值，才愿意传播、分享它。

3. 生搬硬套，反而会弄巧成拙

自媒体写作有很多技巧，如追求热点、直指痛点等，但如果生搬硬套、运用不当，这些技巧不但不会给文章加分，还有可能画虎类犬、弄巧成拙。

我看过阿雷写的一篇故事类文章。他将当下比较热门的玄幻、悬疑、社会、热血元素统统糅合到一篇文章里，乍一看很"酷炫"，让人觉得精彩纷呈；然而仔细读的时候，我只觉得眼花缭乱，不知道他到底想表达什么，要传递给读者什么。

有句话说："如果用一个荧光笔把全篇都涂满，那就和没涂没有任何区别，要有留白，才能突出重点。"

自媒体写作亦是如此，不能因为哪些要素好，就不顾自己的实际情况，强行把这些要素掺杂在一起。写文时，创作者应注意突出主干，不把笔墨分散到细枝末节中。

知乎上某个定位为美妆领域的创作者，在自己的动态中发过"明明每天都在更新，怎么阅读量就那么少，粉丝数也不涨"的困惑。

因为她的文章都是强行跟热点，无论是"老太现金买医保被拒"，还是"使命召唤开服""2021年考研探讨"，她都能搬进自己的文章中。这些和美妆毫无关系的话题被强行嵌套进美妆推荐文中，文章就显得尴尬而且不协调，有种"四不像"的感觉。

任何技巧都要结合自身的实际情况，才能形成一加一大于二的协同效应。不顾前提、不顾适配性就乱用素材，只会使文章在形式上看上去很好、很符合自媒体写作的套路，实际上却成为拼凑缝接的失败品。

所以，在自媒体写作中，创作者要注意逻辑性、协调性、统一性，切不可本末倒置地追求形式却忽视内核。

5

第 5 章

收官之笔，别让万
般辛苦功亏一篑

也许有人会觉得自媒体文章不同于传统纸媒文章，何必要精心雕琢地写结尾，反正看完的人不多，所以他们写文章经常虎头蛇尾。

然而，就是这不多的人，才是你互动数据的主要来源，如评论、点赞、喜欢、收藏、关注你的人，往往就是被文章结尾所打动的那一批人。而绝大部分人只是点击进去，阅读开头或者一半内容就退出了，他们只是给你贡献了阅读量。

5.1 行九十如过半百，结尾方是高潮

《战国策·秦策五》的"行百里者半九十"，说的就是越到结尾，一件事情结束的时候，越不能掉以轻心，只有把剩下的十里路当作一半路程来看待，才不会功亏一篑。

接下来，我会从4个方面，来详细阐述自媒体文章的结尾该如何设定，以便新手更容易掌握。

5.1.1 首尾呼应，升华点题

首尾呼应，升华点题，让你的文章形成一个完美的闭环。

好的结尾要有张力，能够首尾呼应，升华点题，画龙点睛。

"白鹭实在是一首诗，一首韵在骨子里的散文诗。"——郭沫若

郭沫若先生的散文《白鹭》以诗结尾，就很好地与开头"白鹭是一首精巧的诗"相呼应，从开始的浮想联翩，到结尾的呼应升华，突出了白鹭的纯洁和美好，也留下了"白鹭是一首动人的诗"这样富有想象空间的比喻。

首尾呼应的好处在于，结尾呼应开头，就如同画龙点睛一般，升华了整篇文章的主题的同时，也连通了整个篇章的始终，让读者的心中出现一条线，把全文串联起来。

其实这个首尾呼应的方法在日常的很多商业场景中也可以看到。

为什么"淘宝达人"李某琦的直播营销如此火爆，很重要的一点就是他们的文案非常吸引人。如果仔细观察，我们会发现他们开始推销某商品时的话语和结束这个商品推销时的话语是高度相关的，他们在结束推销的时候肯定会呼应开头。

这种首尾呼应的文案能很好地加深观众对商品的印象，也能提高观众的购买欲望。

而大多数的直播营销为什么成交量一般，除了粉丝少的原因外，那些糟糕的文案也"功不可没"。我们经常看到主播说一些直白的推广介绍，然后来个干巴巴的结尾，甚至没有结尾。可想而知，这种文案对于

观众来说，不仅没有吸引力，还会起到一定的负面效果。

例如短文《苍蝇》的开篇，周作人别树一帜地告诉读者，苍蝇曾是他少年时极为喜爱的"玩物"。

"苍蝇不是一种很可爱的东西，但我们在做小孩子的时候都有点喜欢他。我同兄弟常在夏天乘大人们午睡，在院子里弃着香瓜皮瓤的地方捉苍蝇。苍蝇共有三种：饭苍蝇太小，麻苍蝇有蛆太脏，只有金苍蝇可用。金苍蝇即青蝇，小儿谜中所谓'头戴红缨帽，身穿紫罗袍'者是也。"

文章还提到关于苍蝇的一个外国神话："据说苍蝇本来是一个处女，名叫默亚（Muia），很是美丽，不过太喜欢说话。她也爱那月神的情人恩迭米盎（Endymion），当他睡着的时候，她还总是和他讲话或唱歌，使他不能安息，因此月神发怒，把她变成苍蝇。以后她还是纪念着恩迭米盎，不肯叫人家安睡，尤其是喜欢搅扰年轻的人。"

结尾诙谐幽默，用双关轻点文中内容："据路吉亚诺思说，古代有一个女诗人，慧而美，名叫默亚，又有一个名妓也以此为名，所以滑稽诗人有句云：'默亚咬他直达他的心房。'"

本是人人憎恶厌弃的苍蝇，在创作者的别具一格的文风下，在环环相扣的文章结构下，却显得十分有趣。不得不说，这样的效果也和其精妙的结尾有着莫大的关系。

所以说，文章首尾呼应、形成一个闭环，更容易体现出创作者的完整意图，也能让读者重新回味整篇文章的内容，加深对文章的印象。

纵观自媒体文章，许多阅读量为 10 万 +、100 万 + 的文章的结尾都采用了首尾呼应的方法。而且这种方法通俗易懂、易学易会，效果非常不错，值得自媒体写作的新人多多尝试。

5.1.2　全篇提炼，总结金句

利用金句结尾，可谓自媒体爆文中使用频率最高的结尾方法了。10 篇爆文，起码有 5 篇采用的都是这种结尾方法。如果想让自己的作品也成为高质量、高流量的爆文，这种金句结尾的方法是新人必修的课程之一。

1. 结尾金句的作用

一篇广泛传播的文章《焰火下的孤独，是每一个梦想必须经过的地方》的结尾如下。

"当梦想照进现实的时候，每一天早晨闹钟响起的时候，是起身一跃还是翻身盖被，才是证明自己的最好答案。焰火下的孤独，是每一个梦想必须经过的地方，每一个人都一样。"

（1）将读者拉入情景，回味无穷

优美的句式构建了一个人正在睡觉，闹钟鸣响的生动场景，这个人是立即起床、勇敢拼搏，还是翻身入眠，对现实妥协、放弃追求，让人好奇。

这个极具生活化的情景因其语言的美感，更能把读者拉入文章中，静静深思与回味梦想与现实的关系，激励读者选择上进。

（2）提升文章的格调，增加高级感

如果把这个结尾换成另一种描述："我们要有奋斗的决心，闹钟响起绝对不赖床，只有这样才能对得起自己的追求。"

这种描述就显得苍白、索然无味，如果在结尾提炼出富有哲理感和美感的金句，一下子就能让文章的层级跃迁升华，大大提升文章的格调。

（3）引发读者共鸣，提高传播量

金句的朗朗上口，词语的华美或者精练均能引起读者的"爱美之心"，深深打动读者，让读者下意识地进行分享和模仿，这样就会起到推广转化的效果。

知乎的一篇经典回答《人为什么要结婚》的结尾如下。

"……

父母，是挡在生死前的一道墙……

孩子，是继承理想的希望之光……

而妻子，是陪伴我成长，成熟到老去，无论什么时候，都会一直陪着我，一起走下去的伙伴……"

短短时间，这篇回答就成为知乎婚姻类数百万回答中的第一高赞回

答，高达千万人对其进行了点击和转发。

2. 结尾金句的特点

阿里巴巴创始人在 2018 年发出的公开信的结尾中叙述道："阿里从来不只属于我，但我永远属于阿里。"

（1）简短精练，便于传播

短短 19 个字表明了阿里巴巴创始人心中对自己与企业的关系的看法，核心词语"阿里""属于"重复，强化读者记忆，读者几乎看过一遍就会将其印在脑海里。

结尾金句重在精练。能快速、牢固地令读者铭刻在心，是结尾金句被广泛传播的前提。

（2）富有韵律感，朗朗上口

阿里巴巴创始人的这个结尾金句的特点是对仗工整，具有整齐美，而"不只属于""永远属于"让句子有了明显的停顿点，使句子读起来朗朗上口。

因此设计结尾金句时，创作者要注意形成"大珠小珠落玉盘"的错杂美感，可以使用长短句搭配，对偶句整合等技巧。

（3）观点明确，引发深思

结尾金句重在表达自己的情绪与观点。上述例子就很清晰地表明了阿里巴巴创始人会为阿里奉献一生的态度，并且以否定的方式回应了网上"阿里是阿里巴巴创始人的"的观点。看似简短的一句话，可以延伸、探寻出更多的含义。

3. 在结尾中总结金句的方法

（1）注重平时积累，博观约取

任何输出都需有大量的输入。对于平时在阅读、观影、见闻中看见的、听到的好句子、好段落，创作者一定要养成随手记录的好习惯。创作者不应放过任何一句能打动人、使人感受深刻的话语，不要以为你的大脑能够保持长久的记忆。创作者只有随手记录并时时翻阅，才能由量变引起质变，才能总结出金句的"套路"、培养出金句的语感。

（2）引用、化用名人名言

一篇讨论变老的文章的结尾写道："我一直以为人是慢慢变老的，后来发现不是，是一瞬间变老的。"文章将其一个头发花白的老人模样与他青涩相貌进行对比，顿时带给了读者一种强烈的冲击感和忧伤。

在积累不足的时期，自媒体写作的新人靠自己写出金句确实有一定的难度，因此可以讨巧地借用一些名人名言来跨越这个难关。

（3）回归文章，加工观点

结尾金句一定要对文章的内容表达起到提炼、总结和升华的作用，因此创作者在下笔写结尾金句前可以重新审视自己的文章内容，将文章要表达的内容先以通俗的方式表达出来，再进行提炼，使其金句化。

例如你的文章想要说明时间过得很快，盘点自己的一生经历，就可以写下"时间""岁月""阅历"等关键词，然后对其进行组合、加工、美化，最后形成结尾金句。这里借用木心先生的一句话结尾："岁月不饶人，我亦未曾饶过岁月。"此句意为虽然时间飞逝，但自己也没有荒废这一生。

观点确立好后，创作者可以套用一些很经典的句式模板，例如"都说……但是……""我以为……并不是……""……不只有……，还有……"等。

（4）使用帕累托原理验证金句

帕累托原理认为 80% 的结果是由 20% 的原因决定的，意为能引起重要变化的因素反倒是少量的。结尾金句的作用也是如此，重精不重多。

具体做法为，若让你将自己写好的结尾删去 80%，还剩下什么，如果剩下的是你构建好的结尾金句，那么说明结尾金句是成功的；若不是，则说明你写的并不是结尾金句，需要重新归纳提炼。

5.1.3　出乎意料，留有悬念

之前讲过标题可以带有悬念，前面可以设有悬念，后面再利用文章的内容来阐释、解析悬念，给予结果。这样文章就可以形成前后呼应，让读者带着好奇读完全文。

但是对于结尾留悬念的做法，有人可能迷惑不解，文章都结束了，还留个悬念干吗？

希区柯克可谓当代的一位电影艺术大师，他所导演的电影都带有浓厚的悬疑色彩，即使到了电影末尾，观众也无法猜出故事未来的发展方向。

例如在影片《后窗》中，主线故事比较简单。一位摄影师不慎扭伤了腿，整天只能躺在家里静养。闲来无事的他借用相机长焦镜头观察邻居的生活，发现了许多有趣的事情，如单身女青年相亲失败、钢琴家与朋友争吵等，最特别的是，他发现了推销员家中发生了一起凶杀案，丈夫把妻子杀死并藏匿的事件。但摄影师因为行动不便无法指证，通过寻求探长、女朋友、护工的帮助，才将隐匿的凶手绳之以法。

影片到此看似结束，但导演并没有画上句号，而是补充了一段意味深长的结尾，如芭蕾舞女青年迎来了退役的矮个子男友，露台上的夫妻重新养了一条新的宠物犬，这些人的未来生活会怎么样，又会有什么样的情节发生？电影在这时结束，给观众留下了无穷的思考空间。

自媒体创作者在文章收尾时，如果能出人意料地设置一些悬念的话，不仅会让读者产生耳目一新的感觉，还能有效提高读者的互动率，提高文章的热度。

通常来讲，结尾留有悬念有以下两点好处。

1. 问而不答，让读者回味无穷

追求真相是每个人的天性，但艺术作为"源于生活，高于生活"的代表，却能以"隐晦"的形式构造一种独特的美感。

例如前几年非常火爆的"烧脑"电影《盗梦空间》，就是在故事中不断营造"一波未平、一波又起"的悬念：主角团能够潜入梦境，但有一去不回的风险，唯一判断虚拟与真实的标准就是看陀螺是否能永久地转动下去。

影片架构了 5 个层次的梦境，每当主角潜入更深层次或上移到浅层次梦境时，第一反应就是拿出陀螺来尝试。而最终主角看似达成目标、胜利归来时，留在桌上的陀螺却一直没有倒下的迹象。究竟他是成功了，还是失败了？没有人知道，这样隐晦的结局让观众感到意味深长，更能激发观众在后期进行真相的讨论，从而延长作品的生命力。

写作亦是如此，有时候创作者不一定要对结局有一个明确的交代，而可以采用一些留白的方法来勾起读者的创作欲。

武侠小说作家金庸的名著《倚天屠龙记》，据说第一版写到赵敏和张无忌的对话就结束了。

"赵敏嫣然一笑，说道：'我的眉毛太淡，你给我画一画。这可不违反武林侠义之道罢？'

"张无忌提起笔来，笑道：'从今而后，我天天给你画眉。'"

这看上去似乎是一个比较圆满的结局，张无忌在周芷若和赵敏之间痛苦辗转，最终选择了后者，小说到这里结束也不显得唐突。

但金庸在后续版本中又续写了一段，情况就完全不同了。

"忽听得窗外有人格格轻笑，说道：'无忌哥哥，你可也曾答允了我做一件事啊。'正是周芷若的声音。张无忌凝神写信，竟不知她何时来到窗外。

"窗子缓缓推开，周芷若一张俏脸似笑非笑，出现在烛光之下。张无忌惊道：'你……你又要叫我作甚么了？'周芷若微笑道：'这时候我还想不到。哪一日你要和赵家女拜堂成亲，只怕我便想到了。'

"张无忌回头向赵敏瞧了一眼，又回头向周芷若瞧了一眼，霎时之间百感交集，也不知是喜是忧，手一颤，一枝笔掉在桌上。"

这就是一种"开放式"结局，也就是在结尾故事走向突变，大家以为感情纠葛已经尘埃落定，没想到还能再起波澜，后面的故事会怎样呢？金庸没有说，而读者已经前赴后继地"创作"了上百个故事，使得原著的热度恒久不降。

2. 引出下文，为续作提前造势

如果创作者要写连续情节的文章，在各个大的章节结尾也可以采用这种悬疑式结尾来吸引读者继续阅读。这种方法在评书界运用得最为广泛，业内称为"留扣子"。

我们最熟悉的莫过于说书先生那句"欲知后事如何？且听下回分解"。这句话总是能激发读者"追书"的热情。

我国四大名著是悬念式结尾的集大成者，特别是《水浒传》，其每一回结束都是"语不惊人死不休"。下面是几个有代表性的结尾。

《第一回 张天师祈禳瘟疫 洪太尉误走妖魔》："太尉问道：'走了的却是甚么妖魔？'那真人言不过数句，话不过一席，说出这个缘由。"

《第八回 林教头刺配沧州道 鲁智深大闹野猪林》："薛霸便提起水火棍来，望着林冲脑袋上劈将来，可怜豪杰束手就死。"

《第十五回 吴学究说三阮撞筹 公孙胜应七星聚义》："正说之间，只见一个人从阁子外抢将入来，劈胸揪住公孙胜说道：'好呀！明有王法，暗有神灵，你如何商量这等的勾当！我听得多时也！'吓得这公孙胜面如土色。"

可以看出，悬念式结尾是非常吸引人的，定会使读者不由得继续看下一篇文章，看看人物或事件的发展究竟如何。这种方法在影视剧中也经常使用，例如当正义战胜邪恶、大家都在畅享美好未来时，被击败的反派的手指忽然动了，而主角却并没有注意，那在最后的结局中主角究竟胜利了吗？这样自然能够吸引观众期待下一部剧情。

从上面不难看出，悬疑式结尾有着很多妙不可言的好处。那么怎样才能写出类似的结尾呢？下面推荐两种常用的写作悬念式结尾的方法。

（1）反转式结尾

这种结尾的核心思想是"盖棺不定论"，也就是把顺理成章的结局直接朝相反方向写。

不过，这种结尾的难点在于符合"情理之中"，也就是翻转要自然、不牵强。我们可以在文末对反派角色进行"洗白"，但一定要在前面铺垫足够多的伏笔。"为反转而反转"是结尾的大忌，长此以往会被读者认为都是噱头，不过是"哗众取宠"罢了。

（2） 冲突式结尾

这种结尾的核心思想是"戛然而止"，即在前文铺垫了很多剧情，事件马上要迎来一个高潮时突然截断，进而引发读者强烈的落差感。

例如《水浒传》中经常说两位好汉你来我往、互相厮杀、激斗正酣时，其中一个倒下了，但没有说明倒的是谁，文章到此结束，吊足了读者胃口；又如大军压境，水泊梁山，眼看朝不保夕时，军师吴用不慌不忙地说出一番话，瞬间化解了危机，但没有说明说了什么，文章到此结束，读者还是得到后文一探究竟。这样的悬念就很成功。

冲突式结尾并没有明显的缺点，可以说是"屡试不爽"。唯一的问题就是制造的冲突一定要强烈，例如在生死关头、千钧一发之类的场景中留下一个悬念，就会让读者"咬牙切齿"，欲罢不能；如果冲突不激烈，读者不紧张，那这样的结尾就容易显得莫名其妙，让读者一头雾水。

5.1.4　增加互动，吸引转发

传统纸媒的内容通过物质传递，采用的是人与人之间实际交流的传阅方式，缺少和读者的即时互动性，且读者反馈的渠道单一，创作者很难第一时间接收到读者有益的反馈。所以传统纸媒的结尾均和内容相关，和运营无关，并不注重和读者的互动。

而在自媒体写作时代，创作者需要通过与读者互动、转发的方式来提高自媒体文章的传播频率，以此来提高文章的推荐量和阅读量。

在自媒体写作时代，流量的增加毫无疑问是十分重要的，可以增加创作者的名气，吸引粉丝的关注，还可以带来实际的变现，如读者的赞赏、流量增加后平台给的提成收益等。不仅如此，读者反馈的一些好的评论、建议，能让创作者了解到读者的需求，也能帮助创作者对文章查漏补缺，甚至可以作为创作者后期写作的重要参考。

所以写作自媒体文章的结尾时，我们还可以加上一些运营技巧，尽量调动读者参与的积极性，增加其和我们的良性互动，从而扩流增粉，提高知名度。

那么结尾如何写才能增加读者互动、吸引读者转发呢？

我们通过以下 4 个要点来总结说明。

1. 结尾增加引导关注

创作者通过在结尾处增加引导读者关注的内容，使读者更加容易感受到文章对自身的启迪与影响，促进读者反思与理解，也更能提高读者对文章的喜爱程度，吸引读者转发。

例如文章《当初去西藏，回来变成这样……》一经发布，就吸引了许多同样穿越西藏进行探险的读者，引起了他们的感慨和共鸣，也吸引了一些好奇的读者去探究西藏自驾游的搞笑趣事。

创作者在结尾写了一句"你今天 get 到了吗？下面高能预警，关注立即……"意在引导读者关注自己并转发文章。在结尾加入引导提示，无疑是吸引读者关注、互动和转发最直接的方法。

例如文章《看到维秘破产，终于理解了朋友圈微商》的结尾"看完文章点个'在看'，给自己打打气……"就是站在读者的角度，鼓励读者继续努力奋进，同时也是引导读者关注文章，提高文章的传播力度。

许多自媒体平台上都会通过一些点赞、关注等独有的运营方式来吸引读者对文章的关注，简而言之，结尾就是一个吸引读者关注的手段，这也是独属于自媒体时代的结尾式运营方法。

2. 结尾增加引导话题

我们可以在结尾增加引导读者互动评论的话题，如提示读者可以在留言区畅所欲言，提问必有回响等。这样可以增加读者与创作者的情感互动，使更多读者转发并评论，为文章"添把火"。

例如《46 条没钱的体验，哪一条戳中了你？》一文十分接地气地说出了社会上的大多数人属于金钱无法自由的"平二代"，点出了我们必须更加努力，才能让家人生活得更好，这是很多人都心心念念的努力的目标。创作者在结尾写道："除开这些之外，还有哪些心酸的体验让你夜不能寐呢？欢迎各位分享自己的'毒鸡汤'。"

这种充满话题性的感慨结尾，吸引了读者互动，抒发自己的难处与不甘，也更易引起读者的转发与调侃。

结尾设置话题，让读者畅所欲言，能更好地提升读者对文章的认同感，更能让读者有参与感，积极转发文章，将其分享给周围的人群。

3. 结尾增加引导提问

创作者如果能在结尾提出一个问题，不仅能够深化文章主题，还能反问式地引起读者思考，提升读者的互动感和参与感。

例如《20年后，房子卖给谁？一位名叫佐藤隆郎的……》一文的结尾写道："假如是刚需，无可厚非，但假如为了炒房，背上了一生的贷款，最后和佐藤隆郎一样，住进了养老院，真的值吗？"

这个结尾深深地抓住了背负房贷压力的受众人群的心理，也令读者忍不住想去探究，炒房的最终结局真如我们想象得那么乐观吗？

又如《某共享单车26岁高管：下不了手开除70后、80后，公司死了谁负责？》一文的结尾写道："万一现在被裁员，我该怎么办？我的资产、我的价值，能不能让我挺过去，找到新的起跑点？"

这篇文章在结尾提出了一个残酷而现实的问题，进一步深化了文章"自我成长才是真正稳定"这个核心观点，也吸引了读者互动，促使了读者反思自身的不足与问题所在。

4. 结尾增加福利活动等奖励机制

自媒体写作与传统纸媒写作的确有所不同。可以说，自媒体文章的创作者与读者更像是共赢的合作方。创作者希望通过读者增加流量，提升自身的名气；而读者则希望能从文章中获取更多有价值的东西。

在文章的结尾增加抽奖活动、阅读奖励等运营行为能很好地提升文章的曝光度，令更多读者点开文章进行阅读和分享。

例如文章《你弱你有理，你穷你有理？》说明了现实社会中有许多爱以弱小和贫穷自居的人，他们爱道德绑架比自己强大的人群，遇事就怨天尤人，极度没有社会担当。

这篇文章本身写得就很出彩，让人不由赞叹。在文章的结尾处，创作者详述了奖励："文章发布的24小时内分享本文到朋友圈……我们将随机抽……给予3~5元的奖励，另有幸运读者可以收到实体书，小编会在后台一一回复哟！"

相信对这篇文章观感不错的人，看到这个奖励，会更加有动力转发这篇文章。

许多自媒体文章都通过这样的奖励机制获得了读者的转发，大大提高了传播力度。这也是自媒体文章运营最常用的扩大读者受众的福利互动方法之一。

综上所述，好的自媒体文章，采用运营方式结尾，可以增加创作者和读者之间的情感互动，也能扩大文章的传播范围，令其更有可能成为一篇高流量的爆文。

5.2 写作须千锤百炼，点击发送前要修改

古往今来，凡是文章写得好的人，大概都在修改上用过功夫。

——何其芳

5.2.1 整体修改，列出修改清单

美国著名投资家、巴菲特的黄金搭档芒格说过："运用检查清单是防止投资决策出现大错的最简单又最有效的方法。"

其实不只是投资，修改文章也是如此。在进行文章的整体修改时，创作者需要先列出修改清单，形成一套方法论，令每次的修改有法可循，这样才不会遗漏重要的修改点。

先修改大的框架，如果有必要，再精修润色其中的细节。

1. 选题修改

先完成，再完善；先整体，再局部。整体修改主要关注的是文章的观点的贯彻度，讲究的是文章的协调统一性，所以首先要检查的是选题的适当性，因为选题是文章的基础。

（1）选题是否正确

所谓选题的正确性，最直观的一层意思是选题的中心思想和观念是否符合主流的价值观，有无价值观的风险。选题的大方向正确，创作者才有继续深挖细化的可能。

选题的正确性还有一层狭义的意思，是选题是否处于自己的垂直领域内。如今，自媒体文章都需要有自己清晰的定位，创作者也要深耕垂直领域，以保持粉丝的忠诚度。

（2）选题是否有吸引力

选题的吸引力体现在文章的趣味性、相关性和新颖性上。

趣味性指的是文章内容是否符合自媒体文章的可传播性要求，不能像日记一样平淡无味，也不能像学术论文一样枯燥无聊，而是要有一定的话题感。

相关性指的是文章内容与读者的关联度，选题是否击中了读者的痛点。要知道，只有文章内容与读者的自身利益切实相关，读者才有阅读的积极性。

新颖性主要是创作者要避免老生常谈，要给读者新鲜感，才能形成自己的独特优势，在自身垂直领域内保持选题的多样性，在横向的多样性里保持自己的独特性。

（3）内容与选题是否一致

在检查与修改文章时，还应该从整体上把握文章的结构框架和内容是否与选题一致。整篇文章就像一个系统，任何部分脱离整体都会影响系统的质量。所以，在整体修改的过程中，创作者要注意每一部分的内容都应和选题与中心主旨契合、匹配，有浑然一体之感，而不能分散孤立、"貌合神离"。

2. 标题修改

一位写出上百篇阅读量 10 万 + 爆文的自媒体创作者说自己 95% 的时间都花在了修改标题上。这个比例听起来似乎很夸张，但在如今碎片化阅读的时代，标题确实直接影响着一篇文章能否成为爆文。同样的内容，拥有一个好标题和一个差标题的文章的阅读量将有巨大的差别。

（1）标题是否吸引人

首先，要注意标题是否明确地指出了目标人群，即创作者要思考自己这篇文章是写给谁看的。如果你是写给上班族的，那标题里就需要有明确的职场标识，例如《职场中，你必须懂得这 5 个道理》。其次，要注意标题是否足够精彩。创作者可以借助最近的热点来实现短期的流量红利。

（2）读者是否愿意点击标题

首先要做到的是确保读者能够读懂文章标题，尤其是一些针对特定领域的干货文章。有时，创作者和读者之间有一定的认知差距，当创作者想传达一个陌生的概念时，需要使用大众普遍能够理解的说法来解释。

其次，读者是否愿意打开文章，还取决于读者能不能从标题里得到一些有用的信息。读者倾向于有知识增量的文章，所以标题要明确、清晰，不能含糊。

（3）标题中的信息量是否足够

标题的字数要足够多，以涵盖多一些的信息量，便于覆盖更多的受众；但是过犹不及，标题的字数过多很容易让读者丧失耐心，从而降低文章的打开率。因此，标题的字数应尽量控制在 30 字以内。

创作者可以事先列好多个标题，在整体修改时多中选优，选择与文章内容最契合的标题。

3. 内容修改

好文章的内容是修改出来的。海明威的《老人与海》经过了 200 次的阅读与修改，才正式成书；叶圣陶也说过"推敲宁厌频"，指出对文章内容应反复修改。内容修改主要有以下 3 种方法。

（1）增补内容

在整体修改文章时，创作者要检查文字是否有疏漏之处，观点是否能支撑起整篇文章，支撑文章观点的素材是否全面，需要辅证的图表是否齐全。

一篇文章应尽量做到内容全面且充实，如果有单薄之处要予以增补、填充一些案例或故事，加一些数据统计或引用一些新闻，使用一些修辞、金句名言等来丰富文章内容，使文章更充实。

（2）删除内容

脱口秀演员孟川在描述自己修改文本时的技巧时说："能用三个字说完的，绝对不用五个字。"

自媒体文章的本质是碎片阅读、快速阅读。因此要在最短的篇幅内输出最充实的信息，过于赘余的内容要删掉，没说清的内容要删掉，不符合逻辑的观点要删掉，与主题无关的内容要删掉，尽量保持文章的精练、简洁。

（3）改动内容

改动时要修改文章中不严谨、不恰当、不正确的内容。在整体修改时，第一次可以大改，即使文章的体裁合理，结构简明，观点既不能片面也不能绝对，论点的逻辑和顺序也要调整得合理，使文章整体看上去思路明晰、条理清楚、层次分明。

大改过后便是中改，大改看全篇，中改看段落。创作者需要对每一段都进行品读，判断其是不是围绕着一个中心意思来写的，是不是与文章的主题有关系，所用到的材料放在这段中有没有生硬的感觉；段落之间的衔接是否合理，是否有因果关系或者递进关系等。修改后的文章应过渡自然，有流畅的起承转合。

在内容修改的最后，创作者要着重修改文章的开头和结尾，应善用金句，使用能引起读者共鸣的表述，因为文章的开头和结尾直接决定着读者的点赞和转发量。

4. 排版修改

排版是对文章整体进行包装润色，让文章从形式上更具美感，提高阅读的舒适性。

（1）段落是否匀称

各段落的字数应该合理，详略得当。排版时，不可出现密密麻麻的一大段内容，要注意留白，提高文章的可读性。

（2）图文是否一致

配图要注意与文章内容和谐一致，要使用无版权纠纷的图片或者自己拍摄的图片等。

（3）重点是否突出

小标题应该用字体或颜色加以区分，字号要设置成适宜目标受众阅读的大小，文章的重点金句应该标记出来。

列好整体的修改清单后，创作者便可以按照清单对文章进行初步的框架性的修改。在修改过程中，建议创作者大声朗读或者在内心默读文章，以发现不和谐的地方。整体修改可以在文章写完后迅速地进行。

当然，如果需要精修润色文章，我建议在文章写完之后，隔一段时间再进行。

如同清代唐彪所言："当改则改之；不然，且置之。"间隔一段时间再来看文章，创作者会发现很多细小的、当时很难发现的瑕疵。著名作家史蒂芬·金习惯把稿子写完、完成大体改动后，将其放上几十个小时，然后边通读，边逐字逐句地进行发表前的精修。

5.2.2　细节修改，是对文章的润色

上一小节讲了如何按照修改清单来进行整体修改，接下来我们讲解如何进行精修和润色，即细节修改。

自媒体新人写作可能觉得对自媒体文章进行整体修改就足够了，只要大致没有问题就可以了，因为自媒体文章的创作周期短，也没有传统纸媒那么高的出版要求。

然而我一直认为，一篇好的自媒体文章，哪怕是跟热点的文章，其细节和描写绝对不能凑合，而应是在很久之后拿来读时，依旧可圈可点，能做到让读者赞叹不已。这就需要创作者不断完善与调整自己的文章。创作者修改的细节越多，文章的瑕疵就越少，就越经得起读者的推敲。创作者越竭尽所能地完善与调整自己的文章，越能不断提高自己的写作水平，进而让自己的写作之路越走越顺，越走越宽。

法国著名作家福楼拜从来不相信灵感，他认为只有不断涂改和难产

才是天才的标志。无论描写什么事物，他都要找到唯一的名词、唯一的动词、唯一的形容词。正是他的这种不吝把文章修改到极致的态度，孕育了《包法利夫人》等作品，教导出了"世界短篇小说之王"莫泊桑。

我认为世界 500 强企业精细化管理中常用的 5S 现场管理法（也称五常法则）对细节的把控是非常完美的，我们可以套用这个法则，对文章进行精修和润色。

1. 整理——区分要与不要的物品，只保留必需的物品

整理要求创作者对文章进行逐字逐句的推敲与修改，区分留与不留的词语和语句。

创作者应从头到尾多次阅读文章，删除过于重复甚至出错的词语和语句，整理留下精简、出彩的词语和语句。

这就和企业管理中整理的理念一样，仓库里的货物实际上有很多是用不上的，不需要的货物就应该清理出来，和需要的货物隔开或者退回供应商。而整理文章的重点就在于区分要与不要，只有对文章中的每一句话、每一个字都进行彻底的搜寻与清理，才能让文章中没有无用的语句和词语。

例如很多人喜欢用"的"这个字，然而仔细浏览你的文章，大多数时候，这个"的"字都是不需要的，删除它不会影响你的句子的通顺性，反而会让你的句子更加简练。

2. 整顿——留下有用的物品，并将其放在合适的位置上

整顿即对文章语句的定位是否合理与语句是否通顺进行反复斟酌，使每个段落在文章中都有其合适的位置，每句话在每个段落中亦有其合适的位置。

将合适的人请上车，不合适的人请下车。——詹姆斯·柯林斯

进行多遍自我阅读与观察，或者变更段落、语句之间的顺序，可以使文章逻辑更加清晰，脉络更加通畅。

这就好比企业管理中整顿的理念，创作者要将语句摆放在最合理、最规范的位置，消除文章的不顺畅之处，让读者能够畅快淋漓地一口气读完你的文章。

有这样一句话："树叶落在地上，无声无息，连同它的委屈一起悄然落下。"这句话的语境虽然很好，但是句子读起来并不通畅，可以这样修改："树叶落在地上，连同它的委屈一起悄然落下，无声无息。"

3. 清扫——清除现场内的细小脏污，清除作业区域的所有物料垃圾

清扫在修改文章中可以理解为合理运用标点符号，分清句读，保持语句的干净、清爽。

不能放过任何看到的细节。——日本经营之神松下幸之助

即便是最简单的标点符号，如果没有合理运用，也会令文章显得"杂乱"，无法达到预期的效果。

适当地进行标点符号的改善和调整，有助于文章段落衔接得更加合理，也能提高文章的整体水平。

有这样一句话："啊！我的父亲！你总在前方为我开路！你总在风雨之中为我遮挡！"这句话中过多地运用感叹号，反而过于生硬，甚至有点强行煽情，可以这样修改："啊，我的父亲！是你，总在前方为我开路。是你，总在风雨之中为我遮挡。"

4. 清洁——将整理、整顿、清扫制度化、规范化，维持其成果

清洁即对前面3项修改要点的坚持使用和深入理解，多次斟酌和锤炼，促使细节修改成为你写文章的本能。

文章不厌百回改，反复推敲佳句来。

管理就是做好无数小的细节工作。——国际战略管理顾问林正大

这无数小的细节修改，就如同打磨一块平平无奇的石头，使其变成有着温润色泽、散发光彩的艺术品。

5. 素养——提升"人的品质"，培养对任何工作都讲究认真的人

创作者要清楚认识到，修改是写作必不可少的环节，要认真对待每一次修改。其实自媒体文章和传统纸媒文章在本质上并无不同，都要经

过多次修改，才能达到一个较高的成文水平。

根据我的经验，即便是在热点发生后两三个小时就要发表的热点类自媒体文章，除了立意、收集素材、写出文章外，依旧需要进行整体修改和细节修改，才能点击发送。否则，文章极容易因错漏而被读者质疑、指责，甚至集体反对，最后只能删帖；或者因为文章的文笔、段落问题，让读者读起来磕磕绊绊，如鲠在喉，自然效果也不好。

所以先按照框架进行整体修改，再快速通读进行细节修改是非常有必要的。而且在点击发送之前，如果有时间，创作者亦要花费精力，慢慢多读几次文章，进行几轮精修，然后把最终确定的稿件更新到自媒体平台上。如果想要精益求精，创作者可以在文章完成数天后把文章再仔细研读一次，这时可能会发现更多当时无法发现的细节问题。

反复修改不但可以让你的文章保持更久的生命力，也可以切实提高你的写作水平。

运用企业 5S 现场管理法对每一篇文章进行剖析，能够更加合理地进行细节修改，润色你的文章，真正为读者"精益生产"出一篇篇自媒体佳作。

5.2.3　最后的阅读，忘记你是创作者

前文的种种修改技巧，都是站在创作者的角度上来讲的，而自媒体文章如果要出彩，要增加流量，实际比传统纸媒文章在内容上更要关注受众的感受。

自媒体文章修改的最终环节是忘记你是创作者，切换思路，完全站在读者的角度去思考问题，对文章做最后一次阅读。

我们可以借助一个新兴职业——产品用户体验师来分析如何做好自己文章的"读者体验师"。

1. 指定目标对象

如果你要写一篇文章，标题为"大学生该如何安排自己的寒假"。

假设你是一位 30 岁的男性，已经在职场上闯荡接近 10 年了。你首先要明确你的文章受众是 20 岁左右的大学生，而不是初入职场的小白，

也不是有家有口的中年人。

2. 了解目标对象的行为

首先，你要回忆你上大学时的状态：当时你大概在做什么，环境如何，脑海里想的是什么事情。其次，你要查阅一些关于现代大学生的资料，结合现在的社会环境来丰富你的写作内容。最后，你还要了解独属于现代大学生的一些新词、新的喜好、新的意识形态等。

3. 预测目标对象的行为

首先，你要暂时忘记你现在的社会身份和实际年龄，假设你现在就是一名大学生。然后，你要把自己写的这篇文章看一遍，同时思考你从这篇文章里得到了什么益处，为什么你要把这篇文章看完，为什么你感觉看完之后有所收获。

阅读的时候，你要把切换身份后的种种感想迅速记下来，这就是一份"用户体验报告"。

4. 准确建立目标对象的角色文件夹

执行完前面的步骤后，你应该建立一个角色文件夹，在其中记载一些相关的大学生的资料、时代背景，或你"切换"为大学生身份来阅读文章输出一些感想之类的内容。

以后写类似的文章或者需要修改类似的文章时，你就可以迅速翻阅目标对象对应的角色文件夹，以此帮助你准确抓住目标对象的心理。

"没有体验就没有发言权"，这句话在文章修改上也能成立。

利用换位思考，把自己变成一个真正的"读者体验师"。学会站在读者的角度体验自己的文章，理解读者的需求，从而找到自己文章的优势和劣势，弥补自己文章的不足，打造出一篇篇自媒体佳作。

5.2.4 自媒体运营的重中之重，是内容之外的互动

前面讲过如何在文章的结尾加上几句话和读者进行互动。下面讲的就是除写作之外的一些与互动相关的运营方法。自媒体文章的互动实在

太重要了，所以我认为有必要单独用一个小节来重点解析怎样和读者进行良性的互动。

传统媒体包括纸媒、电视等，其特点是采用信息推送制，而受众只负责接收信息。随着信息化与移动网络的快速发展，现在的自媒体并不局限于信息的推送，而是有着更多的功能可以与受众互动，让他们参与到自媒体的运营环节中来，这也是自媒体运营的关键之处。

两个同时期建立自媒体账号的号主，一个号主善于与粉丝互动，评论、社群、私域多手抓，一星期后账号涨粉 3 000 人；而另一个号主只是按部就班地发布内容，没有关注互动问题，一星期后账号涨粉 100 人。两个账号涨粉差距如此大的原因在于是否关注与粉丝的互动。现在的粉丝更注重情感交流性与参与性。

就像一句名言所讲的：“没人在乎你手上的信息，直到他们知道你有多在乎他们。”

1. 互动的重要性

在自媒体运营中，无互动不营销。创作者不单单要在自己的内容上下功夫，也要注意互动，让文章被更广泛地传播。

（1）运营涨粉

B 站上一位拥有百万粉丝的某 UP 主，当有粉丝关注他时，他的账号会自动为关注者发布一条私信：“欢迎关注 ×××！让我们一起帮助身边的毛孩子找到家！握爪盖章，余生请多指教！”粉丝纷纷夸赞这个自动回复好“可爱”。不仅是关注时的自动回复，这位创作者对于粉丝提出的萌宠饲养问题、宠物救助信息，都会一条条地回复百字以上的想法或意见。粉丝都觉得他是一个用心的、懂得珍惜粉丝的人。加上他的文章还有积极向上的公益性内容，所以粉丝十分乐意向其他“毛孩子”家长推荐这位正能量、宠粉的创作者。

从这位创作者的身上，我们可以看到即便是简单的互动，也对拉新引流有着至关重要的作用。关注时的自动回复不仅符合自己账号的人设，而且通过“盖章”“余生”等与粉丝形成了一个软性的约定，暗示粉丝要一直关注自己；百字的回复也让粉丝感受到他对粉丝的重视，因此粉丝更愿意给他留言，这可以提高他的账号的活跃性。

如果一个账号缺乏互动，那么粉丝的取关率将会很高。例如某个只发内容从不互动的创作者的粉丝取关率竟高达一半以上。若想让自己的粉丝数量快速、持续地增长，而且有较高的留存率，主动、认真地与粉丝互动必不可少。

（2）获取"铁粉"

知乎上有一位创作者的粉丝忠诚度非常高。他发布的任何一篇文章，哪怕只是寥寥两三百字的评论。其粉丝都会第一时间点赞和收藏，甚至给予赞赏。如果他在文章中推荐某商品，其粉丝就会积极支持并感谢他的推荐。他出了电子书，其粉丝不但自己购买，还转发到自己的社交平台上呼吁大家一起购买。

所有的自媒体创作者都希望能收获这类"铁杆粉丝"。像某位作者说的："粉丝意味着资源和力量，只要拥有了海量的粉丝，就拥有了超强的影响力。"

粉丝的质量往往比数量更为重要，而要收获高质量、高转化率的粉丝，创作者就必须注重与粉丝的互动。如某位作者所言："粉丝经济需要保持持续经营，不能中断。"

（3）发现问题

著名悬疑作家银花火树说过："每个粉丝对我的反馈，我都觉得十分宝贵。"

她经常在自己的粉丝群、评论区与粉丝畅聊，抽奖送粉丝礼物，也时常安排线下聚会。她认为与粉丝互动、倾听粉丝的意见，可以帮助她更好地找到创作方向、获得读者的认可。

有些创作者会认为与粉丝互动纯属浪费自己雕琢文章的时间。其实不然，在自媒体时代，与粉丝互动可以更高效地发现自己文章的问题，让自己在修改文章时更有目的性。

创作者本人有时候会"当局者迷"，无法全面地审视自己的文章，而如果你的文章有 1 000 个读者、1 万个读者、10 万个读者，那么数量众多的读者就可能客观地发现你的文章的瑕疵，如逻辑不自洽、情节不合理、数据引用不恰当等。通过海量的读者反馈，创作者可以及时发现文章中存在的问题，在第一时间进行修改。

（4）增强写作能力

我认识的一位创作者说她有几个让她很"头疼"的粉丝。她刚写出故事的上半部分，他们就能猜到故事的下半部分。她稍微有点逻辑漏洞，这几个粉丝就会指出来。她有时都不认为这些人是自己的粉丝，而是自己的写作指导老师。

可实际上她非常感谢这些"严厉"的读者，他们让她在设置情节时会想方设法地让情节发展得更巧妙、更有悬念，在发布文章之前会多检查几遍、捋清逻辑。她在和这几位粉丝成为"好朋友"的同时，自己的写作能力也比最初有了大幅的增强。

可见与粉丝认真地互动，会多几双监督创作者的眼睛，让创作者意识到自己写作过程中的不足，从而有针对性地去解决自己写作的弱点和"顽疾"，以实现不断精进。创作者如果把自己封闭在自己的世界中，不但难以获得粉丝的认同，还有可能故步自封、停滞不前。

2. 互动的方式

随着私域流量、社群经济等概念的兴起，创作者与粉丝互动的方式越来越多样化。

（1）利用评论区，形成宣传效应

评论区作为在公域中能够被所有用户看到的互动场地，具有吸粉、宣传、提高粉丝黏性等多种作用。

2020 年"网抑云"一词登上热搜，正是因为网易云歌曲的评论区那令人哭笑不得的"忧郁"风格。这就是主体得益于受众的互动，最后反过来大幅度提升了主体的热度，并使其成为 2020 年的独特时代烙印的典型案例。

评论区不仅包括创作者与读者的互动，还包括读者与读者的互动。大家在评论区畅所欲言，既会提高原粉丝对创作者的归属感，还会形成宣传效应吸引新的粉丝。

（2）建立粉丝群，集中管理粉丝

比起评论区的交流，粉丝群的交流更具集中性和隐秘性，更方便创作者精准触达粉丝、统一管理粉丝。

例如某观点热点类公众号在其文章底部插入了创作者的微信二维码，创作者会将添加自己的粉丝拉入自己的微信群，并在每天晚上 9 点定时推文，发布群内讨论话题，还会向月度活跃粉丝赠送一些小礼品作为奖励。她的读者群内氛围友好而活跃，有很强的凝聚力。

创作者如果不精心运营粉丝群，很可能会使其成为一个无人问津的冷群。要想让粉丝群发挥效用，创作者就要用心地管理、运营。当粉丝数量达到一定规模时，创作者可以将粉丝群按照来源或者级别进行划分，如福利群、交流群等。

粉丝群有利于创作者与读者进行即时沟通与交流，有利于维系创作者与读者之间的情感依赖，所以创作者要善于运用这种互动方式，培养精准粉丝。

（3）建立私域，实现精准运营

"有赞"的创始人白鸦认为："私域意味着在数字经济时代，运营客户的能力成了企业最核心的能力之一。"比起不断扩大用户基数的公域流量，越来越多的自媒体运营者更关注建立私域，以提高粉丝的忠诚度和黏性。

建立粉丝群实则就是一种建立私域的具体方式，此外还有在自己的朋友圈中发文，文章仅会被自己的微信好友看到；在微博设置仅粉丝可见后，内容便只由粉丝独享；知乎中用户首页推荐的都是其关注的创作者所发布的内容等方式。

例如母婴领域的达人，在每个粉丝加它为微信好友时，它都会发送专属的打招呼话术，并且还会在福利群中发送课程推荐等，以吸引群成员加其微信为好友。它会定时在朋友圈中发送母婴类相关知识，以此树立自己的专业形象、赢取微信好友的信任。通过这一系列的私域运营手段，"智乐活"仅用一个月时间就实现了将 3 万人从公域引流到私域。

所以，要想深入挖掘粉丝价值、促进粉丝裂变，创作者就要着手利用私域进行更精细化的运营。

（4）线上沟通、咨询，增强情感羁绊

除了群体性的互动方式，创作者还可以与自己的粉丝进行一对一沟通。微博、知乎、B站等平台都有私信功能，方便创作者与读者进行一对一交流。这样可以从创作者和读者的身份转变到朋友身份，更精准地与粉丝进行交流，最大限度地提高粉丝留存率。

而当创作者有一定的粉丝积累并且树立了专业形象后，还可以通过线上免费或付费咨询的方式帮粉丝解决问题。例如知乎上某位心理咨询师卢老师收获了合计135万赞同、喜欢、收藏，从业15年的他有超过2万小时的心理咨询经验，在回复咨询的过程中与粉丝建立了深厚的情感。

知名自媒体创作者粥佐罗说过："沟通决定了一个人链接资源、解决问题、达成目的的效率。"与粉丝的线上沟通就是一个积累自己变现资源、实现写作创收目标的有效互动方式。倾听每一位读者的声音，有助于创作者更细致地了解自己的读者，从而调整自己的内容，让内容更符合读者的需求。

（5）组织线下见面，增强粉丝归属感

上述几种互动方式均为足不出户的网络互动，然而"线上聊千遍，不如线下见一面"。通过线下见面，粉丝可以近距离地与创作者交流、互动，能对创作者有更直观、真实的了解，这样可以增强粉丝群体的归属感和对创作者的信任感。

例如一名粉丝参加过某作家的线下签售会后，说以后会更喜欢这位作家，因为他不但有深邃的思想，更有谦谦君子的气度。而且这名粉丝通过线下活动还认识了很多志同道合的朋友。

社会学家认为，面对面交流是沟通方式中效率最高的一种，因为人们可以通过对方的语气、肢体、表情等全方位、立体化地感受对方的性格和情绪。

在举办线下活动时，创作者应事先安排好时间、场地、互动环节，还可以准备一些小礼物送给自己的读者。

综上，自媒体创作者在注意自己内容质量的同时，也要注重与粉丝之间的互动。《哈佛商业评论》上有一篇文章提到：在营销中，情感具有较为重要的作用，如果能与用户群体加强互动，那么内容将会有病毒式传播的效果。所以，自媒体创作者一定不可忽视互动的力量。

第 6 章

流量和口碑，两者
都需要

如果说流量是保障创作者当下作品火热的基础，那么口碑就是保障创作者下一部作品火热的核心。它们并不是平行线，而是不断离合的一对"孪生子"。

无论是为了追求当下的流量而放弃口碑，还是为了口碑而舍掉流量，创作者都是无法在这自媒体浪潮中长期生存下去的。

6.1 流量之争，让人"爱恨纠结"

互联网中广泛流传着这样一句话："在互联网时代，无论你的产品是什么，无论你的用户是谁，都需要庞大的流量支撑。"

6.1.1　如何成为"流量之王"

自媒体时代，大多数人认为其本质就是流量的时代。

1. 掌握流量思维，理解流量本质

流量对于自媒体写作而言是壮大 IP、转化变现的基础。创作者只有掌握流量思维、理解流量本质，才能在实操中更好地利用流量。

（1）取舍有道，定位清晰

一个人的精力有限，不可能满足所有人的需求，而如果创作者强迫自己面面俱到，反倒可能一无所获。在如今的自媒体时代，垂直深耕比泛文娱更能精确捕获受众、留住流量。

例如知乎上某位专注职场经验、职场规划的创作者，不到 2 个月的时间吸引了 10 万多名粉丝，多次写出高赞回答，即便一次一小时的咨询费用高达数百元，依旧有读者愿意付费向他咨询问题。

所以，创作者在引流时要有所取舍，选择适合自己的垂直领域，有一个清晰而明确的自我定位。

（2）因地制流，灵活运用

《五维流量模式》一书认为流量就像水一样，没有固定的形态和模式，创作者应根据目前所处情况来寻找最适合自身发展的流量模式。

有人使用爆款模式，有人使用 IP 模式，也有人使用社交裂变模式，其实无论何种模式，只要能够获取流量，都可以依据环境随机应变、灵活运用。

（3）升维思考，降维捕捉

升维与降维实际上是指加一个维度或者减一个维度来启发创新，利用差异化的优势来获取流量。

例如诺基亚的维度是制造质量过硬的产品，在这个维度上，诺基亚是强者。而苹果的维度是要兼顾制造一个精美的艺术品，在这个维度上，可以说苹果重新定义了手机。

降维捕捉可以以"超前点播"为例，传统电视剧有固定的更新时间，如日更、周更等，而某些网络平台削减了这个维度，推出会员"超前点播"模式，借助热剧的流量拓宽了变现渠道。

由此可见，无论升维还是降维，本质都是创新，脱离同质化去开拓全新领域，以此获取流量。

2. 引流拉新，聚焦流量源头

"问渠哪得清如许，为有源头活水来。"

同样的句子可以引申出不同的含义，这里的流量重在一个"流"上，而要流量能"流动"起来，必须要有"源头"提供源源不断的"流动"的力量。要想吸引这些"源头"，创作者就需要与众不同地追热点、做内容。

（1）富有特色的人设

开通微博两周即获得数百万名粉丝的某小伙，其 10 秒微笑的视频成了网络热点。该视频的浏览人数破千万，获赞数破百万，在抖音、微博、B 站、知乎等各大平台上频登热搜，是当之无愧的"流量之王"。其纯真、朴实的形象在网友心中留下了深刻的印象。

他能成为"流量之王"主要是因为他的人设脱离了同质化，让大家眼前一亮：笑容治愈、行为正能量。

当这些特质融合成一个标签贴在其身上时，会起到源头式暴增流量的效果。

（2）紧跟热点或者创造热点

紧跟热点，甚至创造热点，是极佳的引流方法。微博中有位创作者在早上 6 点发布了作品，该作品中融合了一些大家司空见惯、想说又没说透彻的事情，视角切入巧妙，内容翔实、论据深厚。所以该作品创造了热点，上了多个平台的热搜，在当天晚上 8 点就已经有了 4 亿的阅读量和上百万条讨论。这归功于作品本身的魅力，和创造出的热点的流量加成。

热点就是天然的流量，如果创作者能将热点巧妙地运用在自己的作品中，将会收到事半功倍的效果。

（3）抓住粉丝的需求

《平凡的荣耀》的主角孙弈秋说："我的卖点不是看我有什么，而是看用户需要什么，如果用户不需要，即使我再努力、再优秀，也不能说自己有卖点。"

除去那些热点元素，很多创作者能火起来也是因为他们能精准地抓住受众需求，提供实用的建议，例如创下了抖音运营 25 天涨粉 400 万辉煌"战绩"的某表哥，宛如"表界人形数据库"的他，对无论是"孩子上学该送什么表"还是"结婚时带什么表比较合适"等问题都能给出自己颇为独到的见解，能用丰富的经验让粉丝心服口服。

所以，无论你选择做自媒体的哪个领域，核心都是要深入了解你的粉丝，做出符合他们需求甚至能引导他们需求的内容。

3. 粉丝裂变，让流量自生流量

乐融总裁杨平说过："流量的获取都将从单点走向系统，建立良好的正反馈机制对于任何一家企业而言都至关重要。"建立正反馈机制正是让流量走向系统化、不断自生的过程。

（1）利用 IP 生态，形成流量闭环

作家江南的《龙族》一书吸聚了大量的书粉，这批书粉为《龙族》一书积攒下了种子流量。而由《龙族》IP 扩展的周边、漫画等在种子流量的驱动下得以推广，同时这些周边又会引来新的流量。

当一个原始 IP 被大众认可后，此后相关的 IP 衍生品将会形成 IP 生态，IP 生态中的每个要素互相供应流量，让整个 IP 生态得以运转、壮大。

（2）搭建社群，化流量为私域流量

在这个全民争夺流量的时代，建立自己的私域流量池有利于更加精准地触达受众，增加运营的自主性。

某位发布自媒体运营内容的创作者在多平台布局同 IP 的矩阵账号，其后，又通过建立微信群将这些流量聚集在一起，搭建社群形成私域流量。他为社群设置了一个"家庭"的概念，让社群内的粉丝都对 IP 有相当强的归属感和信任感。当 IP 推出新的课程时，社群中的粉丝不但自己积极报名，还会利用自己的社交账号帮忙宣传。

（3）促进粉丝裂变，扩大传播效果

粉丝自主宣传实际上是一种裂变效应，而拼多多就是一个靠裂变模式兴起的"流量之王"。拼多多利用邀请领红包、分享可砍价、做任务得奖励等多种方式促进粉丝积极裂变。截至 2020 年年底，拼多多 App 月均活跃用户数达 7.199 亿，成交额破 16 676 亿元。

粉丝裂变所带来的流量要远远大于运营者自主拉新所获得的流量，而且速度快、成本低。所以若想成为"流量之王"，创作者就要设法让流量自生，以此获得"取之不尽、用之不竭"的流量。

6.1.2　"流量之王"的好处和弊端

在自媒体时代，自媒体运营毫无疑问离不开流量的扶持，但是高流量带来的，真的只有好处吗？

1. "流量之王"的好处

在第 12 届网络作家榜中，排名第一的唐家三少版税高达 13 000 万元，蝉联 5 届中国作家富豪榜榜首，上过福布斯榜，总创作字数近 5 000 万字。他的实体书年销量超过 2 000 万册，由其小说改编的游戏、漫画、动漫、电视剧也拥有超高流量。第 12 届网络作家榜（部分）如图 6.1 所示。

排名	作家	籍贯	年龄	版税（万元）	经典畅销代表作
1	唐家三少	北京	37	13000	《斗罗大陆》
2	天蚕土豆	四川德阳	29	10500	《元尊》
3	无罪	江苏无锡	39	6000	《间谍高手》
4	月关	辽宁沈阳	46	5000	《大运河》
5	天使奥斯卡	江苏南京	42	4930	《盛唐风华》
6	骷髅精灵	山东烟台	37	3900	《斗战狂潮》
7	跳舞	江苏南京	37	3400	《恶魔法则》
8	柳下挥	河南信阳	30	2600	《天才医生》
9	藤萍	福建厦门	37	2500	《中华异想集》
10	何常在	河北石家庄	42	2500	《问鼎记》
11	水千丞	海南海口	31	2000	《深渊游戏》
12	高楼大厦	山东淄博	38	2000	《太初》
13	鱼人二代	黑龙江哈尔滨	35	1650	《校花的贴身高手》
14	白姬雪	山东青岛	22	1600	《儒剑》
15	妖夜	湖南郴州	34	1500	《不灭龙帝》

图 6.1　第 12 届网络作家榜（部分）

（1）名声大，受众多

唐家三少微博粉丝数截至 2020 年有 600 万名，且其各大自媒体平台的粉丝数合计有数千万名。身为中国作协主席团委会的一员，唐家三少拥有众多读者，电视剧《斗罗大陆》更是未播先火，是当之无愧的"流量之王"。

高流量下庞大的粉丝基数可以让创作者拥有被认同感和成就感。根据马斯洛层次需求理论，人的最高层次的需求便是自我实现的需求，而高流量则是自媒体创作者自我实现的证明之一。从读者的角度来看，高流量本身代表着大众对作品与创作者的支持和评价。通常，高流量作品是经过群体筛选后的结果，可以帮助读者在信息爆炸的时代识别优质作品。

（2）传播力强，机会多

各知名导演、制片人、传媒公司纷纷找唐家三少合作的原因便在于他的高知名度所带来的高流量。在公司体系、产品、经营模式、推广链条都确定的情况下，曝光度越高、粉丝数越多，则可以传播的范围就越广。因此商家会更愿意与高流量的作家合作，在推广对方的作品的同时，也可以为自己的品牌创造连锁营销效应，实现双赢。

因此，如果创作者流量够足，粉丝数够多，国民支持度够高，有传播能力和公众影响力，就会有更多曝光自己、让自己的作品多元化发展的机会。

（3）变现价值强，收益多

据统计，电视剧《斗罗大陆》的预告片播放量为 1 654.1 万次，高视频点击率带动着整个网站的访问量提升，而一个网站的访问量越高，广告商投放广告的费用就越高，网站收益也就越多。

2.“流量之王”的弊端

高流量为创作者带来了“功成名就”的满足感，同时，也可能成为制约个人发展、行业发展、社会发展的因素。

（1）有多大的赞美，就有多大的诋毁

在高流量的加持下，创作者的言论会被放大很多倍。

赞美与危险并存于这个年代，高流量能把人“捧在云端”，也会具有很大的“杀伤力”。

（2）迎合流量与坚守自我的博弈

有相当一部分创作者不想成为“文娱机器”，迎合流量去“生产”一些为大众提供廉价精神享受的低价值内容。但是创作者一旦走上“流量之王”的道路，就会很容易陷入“坚持自己想写的”和“写大众想看的”的矛盾之中，在迎合与坚守之间不断徘徊。

（3）盲目追求流量泡沫，降低信息价值

中国经济网统计发现，“流量为王”的时代会降低文娱产业标准。大量粗制滥造、类型单一、情感虚假的内容不断涌现，创作者抄袭事件层出不穷，只追求流量却不注重质量。

而一点资讯副总裁金治在一次经济交流会中表明，自己会规避这种流量狂热的问题，专注内容提升，提高信息价值。

空泛的流量不过是冰冷的统计数据，在文学等艺术领域，数据与流量会出现预判失准的情况，导致埋没真正具有价值的作品。因此，创作

者不能盲目地追求流量而扼杀创新。

3. 客观看待流量，寻找平衡点

作为内容的源头，创作者应坚持流量与质量并重，分清主次，不盲目地追求流量，也不自视甚高地排斥流量。

（1）前期打好基础，吸引流量

处在写作初期的创作者不必过分担忧低流量为自己带来的负面影响，因为前期的流量积累是一个相对漫长的过程。这个时候，你不能故作清高，要去研究大火的文章的行文风格、爆文的底层逻辑，做到心中有数，找准可以吸引流量的主题、行文风格。

在写作初期，重要的是尝试、探索、归纳、总结，"酒香仍怕巷子深"，创作者要学会把自己推广出去。只有有了稳定的粉丝基础，创作者才有发挥自身能力、提升作品商业价值的机会。

（2）真诚对待写作，不过度消费流量

创作者作为内容的生产者，纵然要使文章具有趣味性和娱乐性，但是仍然要保持对待文学最基本的艺术严肃性。流量只是评价一部作品是否成功的指标之一。在更高层次上，读者仍然更看重作品的实用价值、艺术价值。创作者应以写作为根本，而不能本末倒置地过度追逐流量、消费流量。流量是扶持创作者自我实现的工具，但绝不是操纵文学艺术的核心。

（3）做流量的引领者，不做流量的屈从者

处于产业链前端的自媒体创作者应该注重作品的基础环节与品质，处于产业链中端的投资方应具有一定的社会责任感与艺术品位，将钱花在内容创作中，而不是把很大一部分比例的资金用于后期的宣发上。只有这样，才能源源不断地向产业链终端的消费者提供高质量作品，倒逼所有人提升自身审美与鉴赏能力，打破"劣币驱逐良币"的现象。

6.2 塑造优质的口碑

为什么同类型的商品，品牌商品大多比普通商品贵许多，顾客依旧愿意买单，这并不是因为顾客愚蠢，而是因为品牌就代表着商品的口碑。正是之前售卖的无数商品所建立的良好口碑支撑住品牌的大额溢价。

而自媒体写作亦是如此，没有口碑，即便有可能短暂"辉煌"，也肯定没有灿烂的未来。

随着同类产品的涌入，口碑亮点开始淡化，人们更容易被新鲜事物吸引，自媒体创作者要突破这样的困境，就要学会深耕口碑和强化运营两手发力。

1. 深耕口碑，静待花开

如果说"叫座"是运营问题，口碑则是本质问题。如果口碑不能保证持续优良，那就真是在打造"空中楼阁"。自媒体写作的基本原则还是要深耕口碑，在题材选择、标题拟定，文字处理、构图排版等方方面面都要下功夫，保证输出内容的质量。

（1）精耕细作，认真打磨内容

自媒体文章不是简单的生活记录，而是面向公众的信息输出。所以，文章的内容应尽可能专业严谨。在发布内容之前，创作者要认真仔细地了解相关知识，查阅资料，确保数据、用词都准确无误，经得住多方考证，不能轻易被人找到文章明显的瑕疵。

虽然世界上的大多数观点都没有绝对的对错，也许观点无论多严密都会被人从某一个角度找到破绽，但关键是被质疑的时候，创作者能够拿出足够的论据支撑自己的观点，而不是被嘲笑胡编乱造却无法出声。

互联网是有记忆的，特别是打造专业人设的自媒体创作者，哪怕出错一次，只要被发现，就很容易被一些同类竞争者、"黑粉"反复拿出来编排。公众对自媒体创作者其实是很严苛的，特别是在起步阶段，还没让粉丝足够信任，培养出忠诚的粉丝前，一旦内容出现大的漏洞，就会让粉丝转投同类型的其他自媒体账号。

（2）找准方向，纵向发力

创作者要定位主攻方向，建设一套属于自己的风格主题，并且纵向深入挖掘主题内容，而不是进行浮于表面化的简单输出。这样产生的口碑才是长久的口碑，否则只会昙花一现。

例如，创作者可以通过深挖某部经典剧目，对剧中人物的角色、经历，甚至某一个细节透露出来的隐喻进行深度剖析，增加内容的延续性；也可以写一写老故事的续集和衍生故事，抚慰粉丝的"意难平"。

（3）学会制造情感爆发点

创作者在把握整体口碑的同时，要制造一个突出的情感爆发点。例如对于一篇逻辑清晰、叙述严格、观点明晰的高质量干货文章，读者读完还是很容易就忘记了，如果创作者在文中某一处爆一句情感类金句，触发读者的痛点，文章就会被读者转发、评论甚至是复刻。

2. 强化运营机制，好酒也怕巷子深

口碑叫好不叫座的问题，归根结底还是传播效果不够好，流量变现能力不够强，这就需要创作者寻找优质的传播渠道。

自媒体运营，基本依靠读者对内容的转发、评论、点赞，还包括今日头条一类的平台采用机器数字化云计算推送，或者多用于影视作品和热门小说的中插广告等。云端传播途径局限性小，所以更为多样化。创作者要根据不同类型的内容，选择相适应的平台进一步强化运营。

（1）准确选择平台市场

自媒体依托平台运营，就像实体商家依托商场里的店铺，要开店先要弄清楚自己的商品适合什么样的商场。例如社会热点、文娱资讯、观点评价一般以今日头条居多，小说以微信公众号居多，购物清单、种草以小红书居多，干货解读以知乎、百度居多，时尚大Ｖ和官方媒体一般以微博居多。

创作者要找准属于自己的运营平台，也就是找准自己的产品受众，有针对性地营销和输出产品。与此同时，创作者也可以打破局限，兼容其他平台转发，挖掘潜在目标受众。

（2）适度进行产品包装

网络时代提供给读者的是一种碎片化的阅读体验，所以，想要让读者第一时间关注并点开阅读文章，适度的包装和吸睛是很重要的。

精美的文章插图是吸引读者的有效途径。自媒体创作者应该尽量使用自己独家的图片、照片，一来可以增加粉丝的新鲜感，二来可以避免版权纠纷。

适当的配乐也可以起到很好的吸引读者的效果。结合内容搭配适当的背景音乐，可以给人耳目一新的感觉。

这些适当的包装都会带来很好的运营效果，增加流量。

（3）充分重视数据分析

自媒体创作者一定要定期复盘、分析数据，实时掌握粉丝的保有量、黏性、互动系数等，从中发现、总结问题。创作者还要清醒地认识到粉丝才是自媒体生存和发展的根基，要强化与粉丝的交流互动，深入发展与粉丝之间的友谊。

例如某一时段粉丝增长速度下降，创作者就要分析是不是内容过于冷僻，推荐热度不够；又如某一个话题激起了强烈的讨论，话题热度很大，但粉丝却有流失现象，创作者就要看是不是内容过于敏感，触及矛盾较为深刻。

当然，口碑叫好不叫座也不一定就是坏事，有口碑至少说明作品质量过关，并且有忠实客户，问题出在运营上。创作者要找准突围方向，看准市场，精准发力，加上适当的包装，选择优质的营销渠道，以应对日新月异的市场变化，维持自己作品口碑，从而实现流量的增加。

6.3　平衡的路，不是中庸的路

与传统纸媒专心打造口碑不同，自媒体先天就需要流量的加持。如何找到一条平衡流量和口碑且适合自己的路，是自媒体创作者需要潜心研究的。

那么，如何平衡流量和口碑呢？

没有口碑的流量是哗众取宠，没有流量的口碑是孤芳自赏。创作者只有在流量和口碑间寻求平衡，充分发挥二者的价值，才能让自己的内容广泛传播，使自己获得收益。

1. 吸引流量，让粉丝看到自己

流量与口碑从来不是对立的存在。例如 2020 年的爆款剧《隐秘的角落》凭借着优秀的制作、高差异化的内容和深远的社会意义，截至 2020 年 9 月，不但取得了豆瓣 9.2 的高分，还"风靡一夏"，强势登上 50 余次热搜榜，而其原著《坏小孩》也在一时之间被售罄，原著作者紫金陈也被大众封为"推理之王"。

（1）善用流量，让优质内容不被埋没

在自媒体时代，流量是一切商业模式的核心。

无论是支撑互联网的数据流，还是支撑经济运转的资金流，抑或是支撑供应链维系的产品流，都是新时代下能够创造价值的流量。而流量，是保证优质内容进入大众视野、得到广泛传播的有力辅助。

《坏小孩》一书经影视剧《隐秘的角落》的带动，让更多的人见识到了其作者缜密的思维、寓意深刻的思想。这部 2018 年出版的推理小说也因此爆红，焕发生机，延长了生命周期。可见，流量能让优质内容增大曝光量，实现作品价值的最大化。

（2）结合热点，创作优质内容

在《隐秘的角落》走红网络后，各个自媒体创作者纷纷借助这部作品的热度进行自己的个性化创作。影评类自媒体创作者写出了很多见解独到的评价，心理学类自媒体创作者也借助其中的人物，并结合心理学知识为大家生动地科普了心理学理论，法律类自媒体创作者从法律角度剖析其在现实社会中的法律适用性。

一时间，这些自媒体创作者涨粉无数，创作出了多篇 10 万 + 阅读量的自媒体文章，同时也使得《隐秘的角落》的传播范围更加广泛，实现了热点和自媒体写作的双赢。

（3）多渠道宣传、引流

这是一个"酒香仍怕巷子深"的时代，创作者应该积极宣传自己的作品，使作品的曝光度大幅提高。

在《隐秘的角落》播出期间，其主创接受了多个自媒体平台的采访，并与时尚业、电商业、汽车业等多行业联动。《极限挑战》《脱口秀大会》《乘风破浪的姐姐》等热门综艺也多次宣传该剧，让"爬山""喝牛奶""兰州拉面"等剧中、书中的"梗"在各行各业、各个年龄层中得到了全方位的传播。

所以，创作者应多渠道引流，充分发挥互联网的优势，让自己的作品"走出去"。

2. 积攒口碑，让粉丝喜欢自己

流量与口碑各有各的"分工"，要想平衡二者之间的关系，就应该明确它们的"分工"，以获得一加一大于二的协作优势。流量的任务是让作品能够被更多人看到，而口碑的任务是把流量变成"留量"，留住粉丝。

（1）打好口碑基础，让流量"有来无回"

《隐秘的角落》爆火后，爱奇艺"迷雾剧场"的口碑势能瞬时增强。而"迷雾剧场"也没有浪费这个大流量和好口碑，其接下来推出的《沉默的真相》截至 2020 年年底，又取得了豆瓣 9.2 的评分。

口碑与流量是相互成就的，只有好口碑才能让吸引而来的流量盘集，收获忠实粉丝，而一个忠实粉丝的力量要远大于 100 个"僵尸粉"的力量，所以既然立下了好口碑，就要保持住高品质，以获得更多的流量。

（2）脚踏实地，把内容做到极致

最后真正有所成就的人，都是在考虑流量之前先专攻自己的内容的人。创作者先让内容无可挑剔，才有底气进行口碑营销。

例如知乎上的爆文《宫墙柳》，创作者一开始并没想到后期会如此受欢迎，而是全心全意地通过构思情节、修改内容来打造好的内容基础，该回答截至 2020 年年底的获赞数达 30 万+，评论过 2 万条，至今仍然在不断地吸引着新的读者。

营销与引流都是内容创作之后的操作，在那之前，创作者应将全部心思放在自己的内容上。创作者既要勇于创新，又要站在读者的角度让内容易于接受、有传播性。

（3）多重评估，精益求精

创作者在完成内容创作后可进行自我评估和他人评估。某位微信公众号运营者在自己的账号中发连载时，会开通留言区，让读者指出喜欢的地方与觉得不懂或者建议改进的地方，评论"走心"的读者可以获得红包奖励。

而后，这位创作者会根据读者提出的建议修改自己的大纲，调整后续发布的内容，让自己的内容趋于完美。这个举动使她获得了越来越多的忠实粉丝，这些粉丝会主动在自己的朋友圈中宣传她的文章，说她的账号是"宝藏"公众号。

该创作者不但实现了拉新引流，同时还实现了口碑营销。流量、口碑双收，只因她的高标准、严要求、勤互动、善激励。

3. 坚守匠心，也要善于运营

王建国曾问李诞，自己到底该以取悦自己为目标还是该以取悦观众为目标。李诞想了想回答："为什么要分彼此，你可以在取悦观众中取悦自己啊。"

创作自己喜欢的内容完全可以与迎合大众的喜好同时实现，口碑营销和流量营销也完全可以同步进行。两者相辅相成，效果更佳。好的作品越来越火，不断提高群众的审美水平，增强群众的鉴赏能力，有利于让优质作品获得更多的流量，有助于创作者实现名利双收。

（1）不被流量蒙蔽双眼而荒废创作

我认识的一位从事自媒体写作的朋友，最初他在知乎上用自己的专业知识勤勤恳恳地回答问题。其每篇回答基本都是干货满满、有理有据，字数动辄四五千字往上。但是因为他进入平台的时间很短，且发文量不够多，所以他的粉丝数量很少，文章的赞同数也很少。后来有一次，他随意回答了一个热榜中的问题，发泄了一下内心的不满，结果那篇回答爆火了一把，让他收获了前所未有的赞同数和粉丝增长率。

之后，他迷失在了这种"流量"的成功里，开始一头栽进引流的各种操作中。他开始成天蹭热点，用偏激的话语引动粉丝的情绪。渐渐地，他用在自己专业内容上的精力少了。后来，他还鬼迷心窍地买了刷赞和刷粉的工具。最后，知乎发现了他大量的违规行为，直接对他上万粉丝的账号做了封号处理。

流量不能代表成功，一时的流量可能只是虚假繁荣，要想获得具有转化能力的粉丝，还是要脚踏实地，用实力赢得真正的长远流量。

（2）不故作清高，排斥流量

我还认识一位自媒体创作者对引流的态度是另一个极端。他的文章写得不错，仅有的几百个粉丝也认为他的内容值得拥有更大的曝光度。可他偏偏觉得"你若盛开，蝴蝶自来"，顽固地点击"发布"后不做任何的引流操作，甚至还在文末傲慢地说，对于层次不够的粉丝，他拒绝接受。

两年过去了，他的粉丝数量上涨很慢，缺乏读者反馈的他，不但没有靠写作赚到多少收益，为爱"发电"的写作兴趣也坚持不下去了，最后只好慢慢停止了更文。

有些自诩实力派的创作者一提到流量就嗤之以鼻，这是他们没有正确认识流量的价值的表现。高流量不代表实力差、没本事，只是将自己的优秀置于大众的视野中，让优质内容创造更多的价值。

流量能决定你飞得多高，而口碑代表你能走得多远。只有流量没有口碑，意味着你飞得越高就会摔得越惨；只有口碑而没有流量，就意味着你会越走越累，独自前行且无人喝彩。

所以，口碑和流量都是自媒体创作者所需要的，不能忽略任何一者。创作者既要专注提高内容的质量，也要想办法推广内容。只有这两者相互协同，才能让你飞得又高又远。

7

第 7 章

打造个人 IP 及其
社群

人为什么要写作？一千个创作者也许有一千个理由，但大多数人最主要的理由肯定是希望自己创作出更多有价值的作品，并以此为原动力进行源源不断的高质量产出。除开文学价值，用自己的努力和才华让自己过得更好，提高自己的商业价值，则是创作者写作的主要目的。

换言之，创作者要用写作来赚更多的钱。这并不俗气，也并不卑微。有了良好的收入，创作者才能"衣食无忧"，才能将更多的时间和精力投入创作中，体验世间百态，发掘一些常人难以看到的精彩。

毕竟梦想的诗和远方可以出现在精神世界里，而人本身的生存只能存在于物质世界中。

7.1 如何打造高价值 IP

IP 是 Intellectual Property 的缩写，最初的含义是知识产权。随着在互联网时代中的演化和品牌 3.0 时代的来临，IP 成为用户参与、多方携手共建、具有自主传播能力和影响能力的代名词。

7.1.1 高价值 IP 的重要性

在自媒体时代，有 IP 才能不局限于某个自媒体平台，做到破圈吸引流量。

1. 高价值 IP 可以利用粉丝经济增强传播力

电视剧《有匪》，仅一周时间预告片播放量就约 5 000 万次。在小说的读者基础上加上演艺界人士的助力，这部 IP 粉丝经济获得了极大的关注度。

（1）高价值 IP 是作品与营销的深度绑定

在 IP 大时代背景下，IP 的品牌营销也逐渐发展为主流趋势。商家抓住 IP 自带的粉丝流量，以此为契机，将内容做成具有商业价值的产品。高价值 IP 既能拓宽自身的影响力，也能依靠粉丝经济的营销模式带动产品销量。

（2）高价值 IP 具有流量与社交属性的传播势能

像江南的《龙族》、烽火戏诸侯的《雪中悍刀行》等 IP 在微博上有专属的"超级话题"。粉丝会聚集在一起探讨关于作品的想法，分享基于原作品的同人创作。当出现官方周边产品时，这群粉丝会成为第一批稳定的购买源、作品商业化的消费者。

IP 的显著特征之一是有粉丝基础，自带流量促进产品的销售和传播。以原有粉丝为基数，当推出 IP 衍生品时，粉丝的购买行为具有较强的推销效应，会吸引更多的潜在消费群体为 IP 衍生品付费，使得消费圈不断扩大，有助于增强 IP 的知名度和认可度，最后形成粉丝经济循环。

（3）高价值 IP 可以促进作品的多元化发展

创作者创作的作品是市场中的一个“节点”，IP 以这个“节点”为根本，延伸出完整的产业链条，这一产业链条还可以分支发展，形成“产业树”。

以 2020 年的爆款剧《隐秘的角落》为例，最初的 IP 源为作者紫金陈所著的推理小说《坏小孩》。由其延伸出的电视剧、广播剧等引发了多家品牌的借势，如淘宝利用剧中的插曲推出《阳间版小白船》，通过改编歌词将自己的品牌信息融入其中；凯迪拉克邀请剧中演员王圣迪上线《信任的角落》等，使得《隐秘的角落》在影视、电商、汽车等多领域赚足热度，如图 7.1 所示。

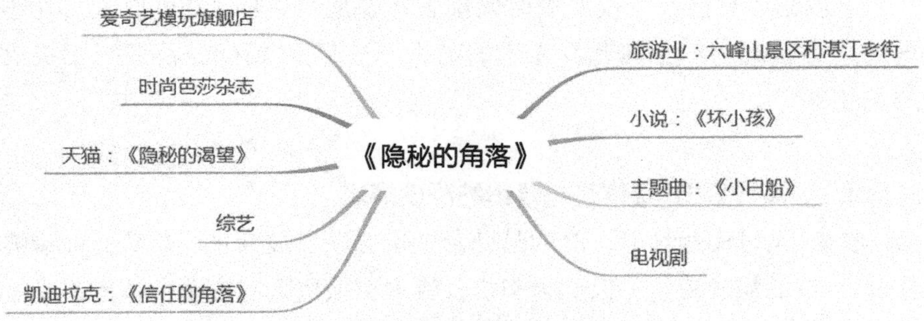

图 7.1　高价值 IP 的文化发展示例

2. 高价值 IP 可以匹配到高质量的资源

《庆余年》是近年来改编得最好的 IP 之一，它打破了各制作环节孤立改造 IP 的传统模式。阅文集团、新丽传媒、腾讯影业形成战略共同体，从 IP 的开发、改编、制作、推广全流程协作，共同将《庆余年》打造为精品 IP，完成了“版权销售 + 联合投资 + 自主研发”IP 开发模式的尝试。

（1）创作平台的助力与扶持

阅文集团在打造 IP 产业链条化方面做出了努力的探索，致力于将《庆余年》做成精品内容。阅文集团为了保证改编内容与原著的内核不割裂，充分营销，在播出前组织粉丝参与提前观影活动。

可见，高价值 IP 可以获得创作平台的扶持。个人的力量在互联网市场上是微薄的，创作者只有在自己的作品质量足够好的前提下，获得创作平台的支持和推广，才能助推 IP 实现产业化、商业化。

（2）主创团队的青睐与选择

新丽传媒结合多年剧集创作的经验，在对原著的处理上争取保持内核统一性。编剧王倦在写剧本前对原著进行了精细研读，改掉了以往男主角打怪升级的惯性套路，让故事更注重逻辑性和真实感，而古代权谋与现代思想碰撞的内核让改编后的内容更有引人思考的深度。

正是因为《庆余年》这部 IP 足够有价值，才会让传媒公司如此慎重。角色的认真选择、编剧的精心修改、制作团队的谨慎考究，都为这部 IP 赋予了更多附加价值。

（3）推广平台的支持与营销

腾讯影业与阅文集团推出书影联动，在《庆余年》播放期间，起点读书、QQ 阅读、腾讯视频 3 个 App 互相提供接口，实现了看剧模式与阅读模式的无缝衔接。影视制作的同时，游戏开发也在同步进行，实现人物和情节环环相扣的对应，最大限度发挥"小说—影视—游戏"开发链的价值效能。

IP 的增值链实际上是营销模式的运营手段，而营销模式的背后是资本的运作和博弈。高价值 IP 足以吸引资本力量加持并推动资本产生新的开发模式，实现运营闭环和 IP 内容生态，如图 7.2 所示。

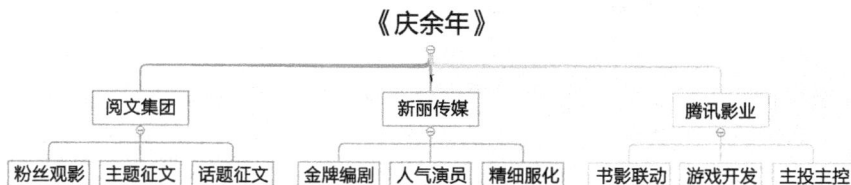

图 7.2　运营闭环和 IP 内容生态

3. 高价值 IP 具有较强的衍生变现能力

打造 IP 的目的是营销，而营销的目的是内容变现。高价值 IP 具有跨行业的变现能力。

（1）写作与商品结合，带动商品的销量

目前，"直播带货"火爆网络，其实不止视频可以"带货"，写作同样可以"带货"。简书上的一位创作者来自云南，她所处的地区盛产橘子，她每天在自己的简书账号上发布橘子的成长过程、吃橘子的益处以及收获橘子时的具体感受。

随着粉丝数量的上涨，她的影响力越来越大，于是有经销商找到她合作，如今她的橘子销售渠道完全不成问题。

"写作带货"的优势在于记录过程会给读者带来真实感，而且读者可以通过文字了解到商品的价值，从而调动读者的消费积极性，这也是大家很喜欢看知识帖、经验帖的原因。

（2）写作与周边结合，让写作人格化

写作与周边结合在小说、动漫、游戏、漫画等创作领域很常见，例如某些与作品相关的一个手办就可以卖到几千元至几万元，还有相应的人物衣饰、手机壳，甚至食品等。

这种销售周边的方式利用了粉丝对作品的钟爱心理，让虚拟人物"活化"，通过形象的具现等方式让粉丝把其当作真实的人看待，周边有利于提高粉丝的黏性和忠实度。

（3）写作与影视结合，实现作品的商业化

如《从前有座灵剑山》《陈情令》《三十而已》等多部小说，均通过影视化拓展了更丰富的变现渠道。人物与演员的叠加效用可以吸引广告投放、热门综艺以及产品代言，背靠 IP 的产品可以引起消费者对 IP 和品牌的联想，进而激发消费者的需求。写作与影视结合既可以满足创作者的成就感和自信心，也可以为版权人带来可持续、可拓展的经济来源。

7.1.2 打造垂直领域 IP

1. 垂直领域 IP 的模块划分

相对于生活、社交、情感等泛文娱领域，垂直领域更注重用户群体的共性特征和自身 IP 的差异化，是领域逐级细分的产物。

（1）兴趣爱好垂直领域

这类垂直领域包括汽车、游戏、美妆、音乐等，特点是内容与受众年龄不成直接关联。

据美妆领域近 3 年的数据，眼妆、腮红、口红等相关内容处于高热度态势中，而与其相关联的热点包括"天猫""双十一"等，以此为话题的文章平均阅读量、点赞数一直处于稳定状态，是一个可供选择的 IP 孵化方向。

黑格尔说："一个深广的心灵总是把兴趣的领域推广到无数事物上去。"以兴趣领域作为 IP 方向，既可以增强创作者自身坚持的动力，也能收获长期稳定的粉丝。

（2）身份阶段性垂直领域

这类垂直领域包括考研、软件考试、母婴、装修等，特点是用户在未取得相应身份或未进入这个阶段之前大多不会关注相应内容，但是一旦进入这个阶段，就具有强烈的大量的资讯获取需求。

以考研自媒体账号为例，可做的内容包括择校、时间安排、报考答疑、复习方法、课程销售（包括网课和线下课）、教材销售等，考生从备考到被录取的全阶段都对这些内容具有较强的依赖性。

以身份阶段性领域作为 IP 方向，可以获取阶段性粉丝增长，并可在供需关系不对等的情况下挖掘巨大的商业价值，创造收益。

（3）专业技术垂直领域

这类垂直领域包括法律、经济、金融、程序等，特点是具有较强的专业性和职业性，吸引的是同圈层、同行业的用户。

例如"CSDN 企业招聘"就是一个专注于软件工程师的自媒体账号，

号内主要分享互联网的相关资讯。该号以程序设计职业为核心，推送推荐类、资讯类、成长类、涨薪类、学习类、热文类等文章。

以专业技术领域作为 IP 方向，可以提高职业圈内的粉丝忠诚度，以提供培训和出售工具等方式实现内容变现。

2. 垂直领域 IP 发展日趋完善

随着技术的发展，移动终端成为主流，大数据的推荐算法越来越精准，垂直领域应势而起。

（1）移动互联网兴起与发展

在早期，用户想取得垂直领域的信息，主要的方式是订阅杂志、图书馆查询或者利用门户网站，信息获取受到时间和地理的限制。

如今，随着移动互联网的发展，每个人的智能手机都是移动终端，各大资讯平台与 App 都聚集在小小的智能手机上，用户可以随时随地查找垂直领域的丰富信息。

（2）获取信息渠道多样化

用户可以从百度、微博、知乎以及一些学习网站获取信息，而不再是仅通过传统的纸媒和电视等单一渠道获取信息。如今，可供查询的接口众多，信息内容的形式也丰富多样。接受文字信息能力强的用户可以选择图文类平台，而更习惯视频学习的用户也可以选择视频类网站与 App。

（3）信息传递方式智能化

如今信息内容不但获取方便，获取渠道众多，而且在大数据技术的兴起下，各自媒体平台都采用了推荐机制，会根据用户偏好为用户推送专属性、定制性的内容。例如淘宝和 QQ 音乐的"猜你喜欢"功能，知乎的"推荐"内容等。在这样的背景下，用户有更多的机会获取垂直性内容，自媒体平台也会以用户在垂直领域驻留的时间和点击数为根据，向用户推送其关注领域的更多相关联的 IP 产品。

3. 如何打造垂直领域 IP

垂直领域 IP 自带较强的粉丝黏性。要想打造垂直领域 IP，创作者要明确定位，不断细化需求，选择聚焦重点，提高 IP 的变现能力，具体应做到以下 4 个方面。

（1）深度认识自己与目标受众，定位明确

在深耕垂直领域前，创作者首先要明确的就是自己的目标受众是哪些，自己想吸引什么年龄段、什么职业、什么需求的人来关注自己的 IP，通过什么方式可以促使他们消费，实现 IP 产品的变现。

（2）选择适合自身定位的平台，建立渠道

光有内容是不够的，还要有推广的平台。例如小红书适合发布安利类、分享类的生活好物；微信像一个私密的生活、工作圈；微博像广播中心，聚集各圈层的人分享讯息。

现在，美妆类的垂直领域 IP 多在小红书上发布内容，职场类的垂直领域 IP 多选择在微信和知乎上发布内容，如果是生活分享则可以选择简书；而这些内容又都可以同时关联发布到百家号、大鱼号或者头条号中。

建立自身定位，找到推广渠道，深耕垂直领域，是自媒体变现的基本道路。

（3）注重 IP 的营销和互动，提高粉丝黏性

垂直领域 IP 的营销模式相对于传统的营销模式，最关键的一点是具有互动性，IP 变现依赖于粉丝黏性，IP 依靠粉丝经济获利。

要想打造专属的具有忠诚度的粉丝群体，创作者一定要增强 IP 的互动内容。例如时常回复粉丝评论，发布关于生活和见解的文章，发送福利回馈粉丝，让粉丝感受到你对他的重视，进而对 IP 产生情感依赖。这些互动的渠道，前文也有提及。

（4）擅于运用数据分析，调整内容

如今的自媒体平台已经具有数据化和智能化的趋势，各种数据都可以从后台获取。创作者应实时跟踪数据动态，分析数据趋势，总结数据

规律，定位粉丝偏好，进行内容调整。

例如，如果你的干货类文章的平均阅读量要高于观点类文章的平均阅读量，那么以后的内容写作就可以以此为依据，加大干货类文章的输出；再如，如果你的粉丝多为"90后""00后"，则说明粉丝群体呈现年轻化的趋势，那么后续内容就要符合年轻人的兴趣，避免古板无聊的风格，创作方向要多向受众方向靠拢。

7.1.3　稳定输出内容，打磨出精品

从 2010 年开始，自媒体进入"全民造星"时代。各个自媒体创作"达人"开始依靠网络的高传播性，输出独属于自己的内容，并对其加以包装、营销，从而如同知名演艺人士一般开始拥有大量的粉丝，获得不菲的收入。

自媒体写作的门槛较低，无数同类的内容不断地涌入市场。"大浪淘沙"下，自媒体运营的失败案例数不胜数。相信每个人手机里都或多或少地有几个停更的微信公众号、过气的视频类账号等，它们失败的原因无外乎内容陈旧、更新不规律、作品质量不佳，最终导致粉丝流失，账号关停。

如何打磨属于自己的精品，成为每个自媒体运营者面临的重大挑战。而围绕高价值 IP，打磨属于自己的精品，也成了一个成功的自媒体创作者的必经之路。

我认识一个视频类创作者，我最开始关注她的时候是在 2016 年。那时候，她在微博定期更新视频，从最初的美食、手工，到后来的自制家具、文房四宝，到现在精致地拍出植物的一生，其视频的内容和质量不断提高，其人气也越来越高。不得不说，围绕这个 IP 推出的每一个作品都是经过千锤百炼的，其质量远超同类创作者的作品。

1. 保证频率，更要提高质量

自媒体创作者要想打造独属于自己的高价值 IP，其输出的内容应该有固定体量或者时长，并在这个基本框架下尽量多输出精练有用的内容。

如果是文娱热点快报，其字数大概为千字，配图在 4~6 张，读者可以在一分钟内明白事情的始末；如果是观点讨论，其字数为 2 000~3 000

字，分成 3~4 个部分进行讨论，逐步获得读者的认同；如果是视频类自媒体，更应该把握输出节奏，短视频以一期一个主题为宜，每期围绕一个主题细化、精简内容，避免给粉丝带来"跳台"的错觉。

大多数 IP 在运营初期为了尽快打开市场，在题材上会选择更容易被大众接受、更接地气的内容。但是内容浅显易懂并不等于空洞和没有内涵，这就要求创作者不断学习，储备和更新各方面的知识，避免在内容中出现明显的专业用词、用句失误，从而带来无法挽回的负面影响。

2. 选对方向才能打造精品 IP

以下是自媒体写作的新手在打造 IP 时需要把握的 3 个方向。

（1）主流方向

符合主流方向是基本原则，即输出的内容要符合主流意识方向，不能太偏激，不能纯负能量，不能触碰法律和道德底线，否则很容易碰到"高压线"。

创作者可以留"梗"，可以质疑，但是千万不能为了引流而无中生有，这点在文娱热点方面非常容易走偏。很多营销号为了吸粉、博眼球，剑走偏锋，最后都落得个封号，甚至吃官司的下场。所以创作者一定要把握住主流方向，不能急功近利。

（2）粉丝方向

创作者或运营者需要对粉丝进行分析和研判。例如粉丝的归类、粉丝的倾向、粉丝的流失率等，创作者均要做到心中有数。

在保持与粉丝稳定互动和交流的前提下，创作者需要对点赞数、阅读量、评论量、打赏、转发等重要数据进行定期汇总和分析。在寻找发展方向或者解决存在的问题时，创作者应有针对性地选择粉丝更多、粉丝黏性更高的发展方向。

（3）时效方向

自媒体文章的内容的时效性非常重要，这不仅针对热点事件，对所有自媒体写作类别都一样重要。即便是知识科普类或者评测类文章，其更新时效也非常关键，是白天更新还是晚上更新，节假日、寒暑假要不要加更等，都要纳入你的评估范围；而营销类文章更是如此，做线上市场的同时也要了解线下市场，准确估算销售时效，有针对性地选品。只有把握住行业时效，才能保证输出的内容质量更高，更符合粉丝需求。

3. 突出个性，打造专属领域

（1）擅长的领域和热门的领域相融合

自媒体运营也要做到"取长补短"，无论是单打独斗还是团队运营，创作者都要善于寻找擅长的领域，然后结合热门领域来进行写作。

例如有摄影专长的创作者，可以结合现在热门的定妆照片，或者暖心的生活故事定格照片来打造 IP；擅长绘画的创作者，可以自己给热门人物或者事件绘制插图；擅长逻辑分析的创作者，就可以就新闻做深入挖掘引导。

在擅长的领域里不断精进，同时融合当下社会热门的领域，彼此促进融合，创作者就能写出更多高质量的作品，从而打造自己的 IP。

（2）学会包装，立好个人形象

一个好的形象，也可以说是好的人设，是吸引粉丝的基础，也是 IP 的直接体现，这在自媒体时代，已经被证明了无数次。很多"大 V"、"博主"凭借自己正能量的形象"走红"，月增粉数百万。

我在这里要说的是，对自己的整体形象进行一个美化包装和运营推广，对于自媒体创作者来说是非常有必要的。大家都喜欢正能量的人，也愿意关注这样的人，希望他们能帮助、引导自己走向积极、阳光。

但其前提是人设必须要有一定的真实性，不能为了立人设而不顾事实。例如你不是博士，却说自己是海外某知名大学的博士；你没有相关的专业证书来验证行业内的资质，却直接在别人的证书上 P 出你的名字。

这不是立人设，而是造假。

造假的后果就是，你之前因为人设而吸引的粉丝都会转变成攻击你的"黑粉"，最后你会"身败名裂"，为"千夫所指"。这在自媒体写作中也是屡屡出现的。粉丝当初有多喜欢你、多信任你，一旦发现你的欺骗，就会有多恨你。

　　所以，创作者在立人设时一定要保持清醒的头脑，不能哪种人设受到追捧，就毫无底线地去打造虚假人设。

7.1.4　如何提高粉丝黏性

1. 粉丝黏性的具体体现

　　以百家号为例，百家号的后台有相应的数据分析，包含"内容分析"和"粉丝分析"两个模块。"内容分析"模块包括阅读数、评论数、分享数、收藏数等；"粉丝分析"模块包括新增粉丝数、取消关注数、粉丝月度累计阅读量、粉丝月度累计收益等。创作者要学会以自媒体平台的后台数据分析，为自己写作的指导。百家号后台的数据分析如图 7.3 所示。

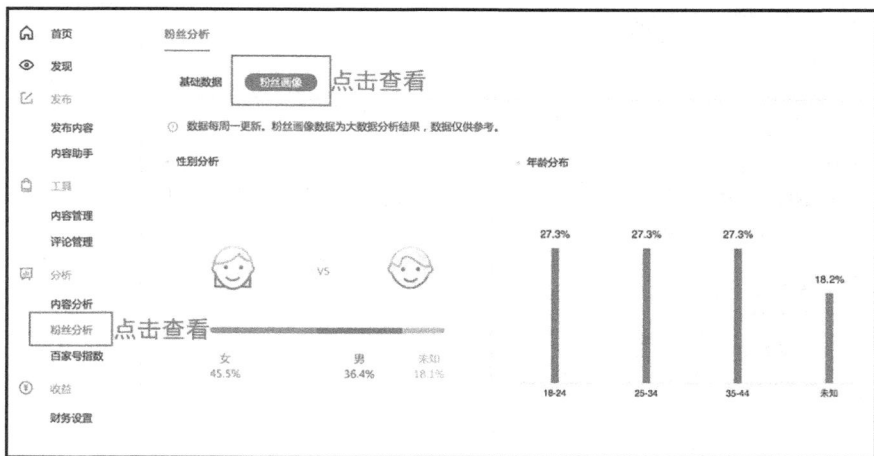

图 7.3　百家号后台的数据分析

（1）对 IP 内容具有认同感

　　粉丝是对 IP 内容持续关注的群体，这个群体产生的先决条件是用户对文章的内容感兴趣且认同文章的内容。以有书为例，它抓住了当代人读书存在惰性的特点，以激励用户读书为导向，取得了想要在快节奏、信息碎片化时代坚持读书的用户的支持，矩阵粉丝数量截至 2020 年年底高达 2 000 万。

（2）对 IP 具有忠诚度

取消关注数越少，评论数、分享数、收藏数越多，在一定程度上说明粉丝对此 IP 越忠诚、粉丝黏性越高。粉丝的忠诚度决定着粉丝对 IP 的信任度和依赖性。

（3）与 IP 有互动模式

有书共读打造"共读＋社群"模式，让粉丝建立社群，交流阅读体验，形成互动，以打卡的方式激励读者阅读，以拉新、留存、促活的模式提高粉丝黏性。粉丝黏性高的群体会体现出团体的归属感，自主搜索相关衍生内容并集合成圈层，如在线上通过平台进行社交，在线下开展 IP 主题聚会等。有书共读的 IP 模式如图 7.4 所示。

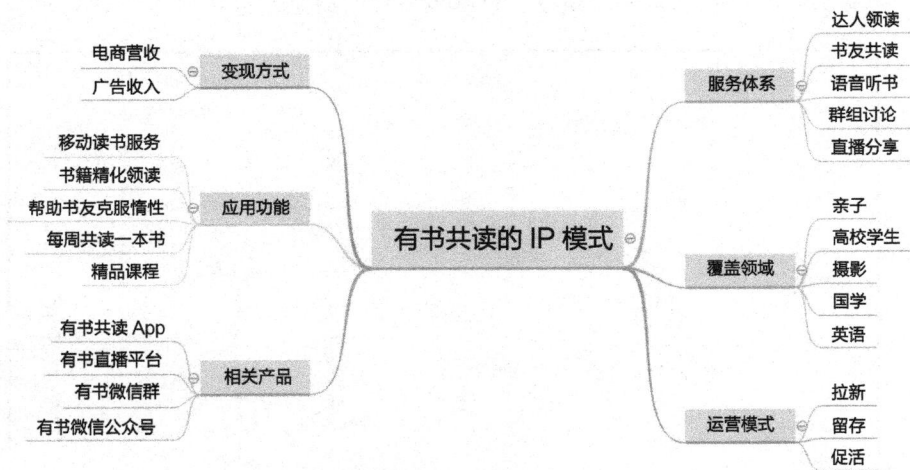

图 7.4　有书共读的 IP 模式

2. 粉丝黏性对 IP 的重要性

任正非说："一个商业群体，必须至少拥有两个要素才能活下去，一是货源，二是用户。"粉丝是商业链条形成和延伸的基础，是所有商业模式发展的核心。

（1）IP 的层级按粉丝数量划分

以 IP 达人为例，达人的百度搜索、社交网站、网络新闻、寻艺签到等数据表现可以形成"新媒体人气指数"榜单。达人的商业价值等级以榜单排名进行划分，商业价值越高的达人越能优先匹配到高质量的资源。

　　自媒体写作也是如此，如百家号会定期统计"综合影响力榜""涨粉达人榜""互动达人榜"等来识别可以扶持孵化的IP，助力IP实现粉丝变现。百家号的各种榜单如图7.5所示。

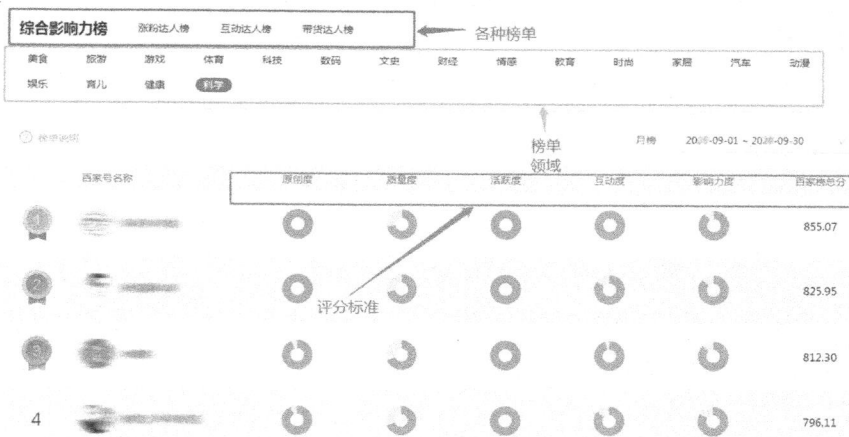

图7.5　百家号的各种榜单

（2）粉丝黏性高有助于扩大IP的传播面

　　粉丝是IP内容的传播者，粉丝黏性高的IP往往可以引发粉丝的情感共鸣，或让粉丝感觉IP内容有分享价值，进而会通过转发或分享到社交圈的方式来扩大IP的传播面。例如知名博主Papi酱的一件作品的转发量就可达15.1万次，此种粉丝自发传播的效果要比硬广推销的方式更容易被用户接受。可见，粉丝在宣传推广中作用极大。

（3）粉丝黏性决定着IP的长期收益

　　粉丝数量代表着IP变现的潜力，而粉丝黏性决定着IP的长期收益。粉丝黏性高的自媒体创作者在向粉丝推荐商品时，基于对IP的信任和喜爱，粉丝会更愿意接受推荐；当IP衍生出更多产品时，如音乐、影视、动画等，粉丝黏性高的粉丝也愿意为IP付费，为情感买单。IP变现过程如图7.6所示。

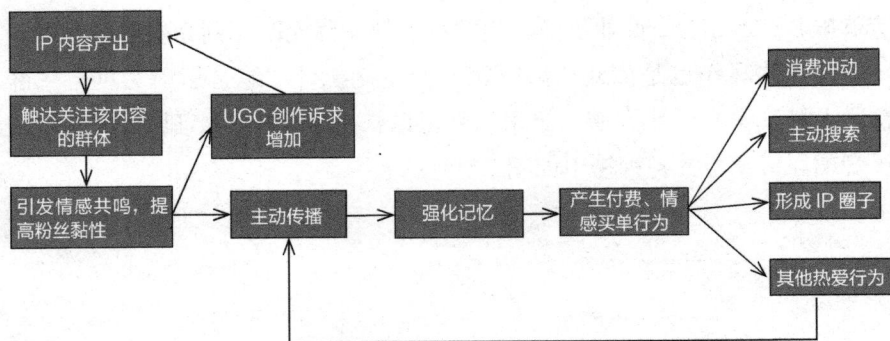

图 7.6　IP 变现过程

3. 提高自身辨识度，以提高粉丝黏性

若想提高粉丝黏性，创作者应注重自身的内容输出，保证 IP 内容的垂直化、差异化、共鸣性、互动性，具体方法如下。

（1）定位清晰，专注垂直领域

一个专注传播育儿知识的自媒体创作者某天突然发布了娱乐类文章，过几天又开始推送历史类文章，这会让关注他的粉丝觉得自己关注了一个发布内容不固定的账号，无法按需获取自己想要的资讯，这就会造成粉丝流失。

在法律领域内运营得比较好的 IP 中，"某某读库"的自我定位非常明确——"传递法律常识，每天只发送 1~3 篇优质文章"，所有文章均围绕法律常识展开，既满足法律人士的专业需求，又兼顾普通人群的科普需求，该号的粉丝数量稳步递增，而且粉丝流失率极低。

可见，若要提高 IP 辨识度、粉丝黏性，创作者一定要聚焦于专一领域，垂直化发展。创作者应在专一领域做出一定的成绩后，再考虑拓宽领域，而不是随意改变文章类型，引起粉丝反感。

（2）风格独特，内容具有差异化

如今，自媒体内容有同质化的趋向，大同小异的内容很难留住粉丝，只有内容与众不同，才能体现 IP 的价值性。例如具有一定的专业度，在

内容上与其他竞争性 IP 形成竞争壁垒。专业领域并不是每个人都可以涉足的，这样就可以凸显出 IP 的排他性和高位阶。例如影评类自媒体账号有很多，而"深焦"专注于电影深度、摄影方式、手法等专业领域的评价，而其他缺少专业知识背景储备的创作者就很难写出能与之比拟的文章。

再如形成个人风格。鲜明的个人风格会成为一种标志，难以被替代。因此，IP 应具有专业性、排他性，且个性化的属性，才能提高粉丝的忠诚度，而不是成为其他 IP 的替代品。

（3）注重共鸣，增强粉丝的认同感

创作者可以从可参与性、普遍性和特殊性等多个角度来引起粉丝的共鸣。例如，其《高薪工作的潜规则，去面试前都应该看一看》一文便是从面试者的角度，通过"可参与性"来吸引粉丝聚集；而《年轻人最爱的硬核场面曝光》一文则是通过盘点总结的方式，以"普遍性"引起粉丝的共鸣；《被"买买买"欺骗的女性审美》一文则从"购买"与"审美"关系的新颖角度引发粉丝思考，博取粉丝的认同和支持。

要想找到能引起共鸣的切入点，创作者应博览群书，汲取丰富的知识，尝试接触领域内的专业人士并与其沟通交流，丰富自身见闻，在日常生活中了解大众的需求点和关注点。这样在确定自己的文章主题时，创作者才能从粉丝出发，精准地拉近与粉丝的距离，使粉丝产生共鸣。

（4）注重互动，增强粉丝的归属感

创作者要让粉丝感觉到自己面对的对象不是一个冰冷的机器，而是一个可以沟通、有情感互动的"人"，加深与粉丝的情感纽带。

例如"笑果文化"会在文章底部抛出每日讨论话题，提高读者的参与度，还会不定期发放福利，如赠送门票或者礼品券等。

在打造自己的 IP 时，创作者可以设置一些自动回复，在被用户关注时的自动回复要像欢迎家庭成员一样，给用户心理上的慰藉，关键词自动回复要做到全面、专业而不刻板，要能解答用户疑问；还可以定期举办一些活动，如抽奖、话题征集等，最好按照周、月设定周期，这比较

符合人们的记忆习惯；要经常回复粉丝的评论，回复时不能敷衍，应保持重视的态度，及时回应粉丝提出的建议和意见。

7.2 建立社群，打造私域

2011 年，移动互联网的兴起使 IP 的社群经济迅速发展，这种"情感信任 + 价值反哺"的运营模式形成了具有自带流量与内容变现功能的商业生态圈。

7.2.1 如何引流，打造私域

在如今的互联网时代，"成也平台，败也平台"。一个平台能孵化多个 IP，捧红众多自媒体新人，但一旦平台衰落，其中的众多"达人"就会"泯然众人"。所以，越来越多资深的自媒体"达人"，开始了破圈之路，不再依赖单一的平台，而是开始孵化出自己的私域，逐渐摆脱单一平台的影响。

1. 什么是 IP 社群

（1）IP 社群是基于对 IP 信赖形成的群体

IP 社群是在特定的垂直领域内，粉丝基于个人价值观或者被 IP 的性格特质吸引，愿意追随 IP 而在线上社交平台互动、集聚的群体。基于 IP 建立的社群相较于传统的以产品为中心、以兴趣为中心、以营销为中心的社群具有凝聚力更强、发展更持久、粉丝裂变爆发力更大的特点。

（2）IP 社群是更注重社交维度的粉丝群体

《流量革命》一书认为，在 IP 社群之前比较火热的是平台运营。平台运营主要关注的是交易维度，而 IP 社群在交易维度的基础上，又增加了社交维度，互动使粉丝产生了比功能需求更高层次的社交需求，也产生了一定的归属感，他们基于信任为 IP 付费，而不是在为商品付费后建立信任。

（3）一个 IP 社群就是一座商城

IP 通过自媒体平台持续地保持内容输出，凝聚粉丝后构建社群，通过互动提高粉丝黏性，利用社群力量使得 IP 稳定持续地变现，以一个 IP 加上社群的扩大孵化出一批衍生 IP。打造 IP 流量池的示意图如图 7.7 所示。

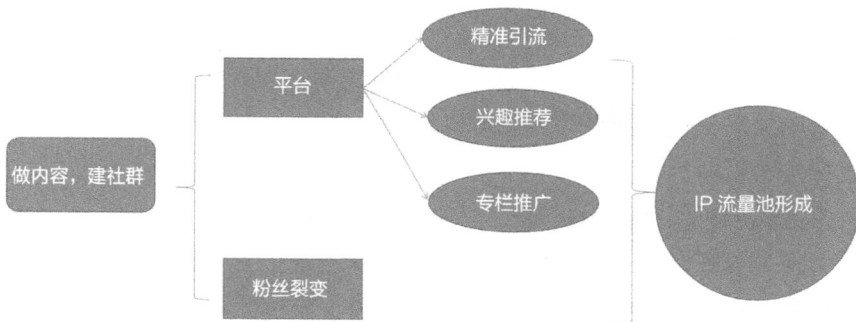

图 7.7　打造 IP 流量池的示意图

2. 为什么要打造私域

私域相对于公域而言，在"拉新"方面，可以精准聚焦新用户；在"促活""留存"方面，可以提高粉丝忠诚度，促进粉丝裂变。

（1）打造私域可以基于情感信任促进营销

"罗辑思维"最初依靠内容输出积攒了 800 万粉丝，而后开始招募会员、建立社群，社群中的粉丝基于对"罗辑思维"IP 的信任，不仅支持其书籍，而且还会购买其推荐的月饼等商品。

社群营销最核心的逻辑是取得粉丝的信任和支持，在这种信赖的基础上，再向粉丝推荐商品，这时他们会更愿意付费，还会吸纳更多新的人员扩大社群规模。

（2）打造私域可以产生巨大的商业价值

体验到社群营销的红利后，"罗辑思维"团队携手薛兆丰、李笑来、吴军等各个行业的IP开设相应的知识付费专栏。根据2020年11月15日得到App的统计，仅"薛兆丰的经济学课"订阅数就达到了516 705人次，收入在一亿元以上，这已经超过了一个中型企业一年的销售额，而其利润更是惊人。

（3）打造私域可以最大化挖掘用户价值

打造私域可以形成自己的流量池，通过不断的引流可以获得新粉丝，反复地为产品增值。

例如曾获得1.3亿元版税的唐家三少，每多一个人购买他的书，他的收入就增加了一份。而他只需要源源不断地产出，保持自己IP的热度，吸引粉丝购买。

打造私域可以提高粉丝黏性。在唐家三少再出新书或者他的书被改编成动漫、电视剧时，原粉丝便会为IP的新产品付费，并能再吸引一批新的粉丝，不断扩大社群的影响力和购买力。公域流量转为私域流量的过程如图7.8所示。

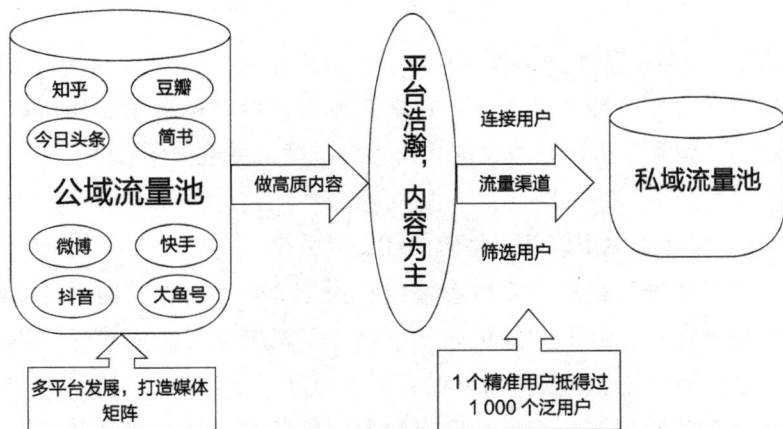

图7.8 公域流量转为私域流量的过程

3. 打造私域的步骤

在引流和打造私域的过程中，创作者应注重高质粉丝的获取、社群的运营、粉丝的体验，利用私域流量扩大社群的变现能力。

（1）打造 IP

定位目标受众，根据目标受众构筑一个专属的真实 IP 或者虚拟 IP，确定这个 IP 的标签，包括 IP 的名称、口号、Logo，要注意原创，要具有创意性、可传播性，能激起人的好奇心，能让人记住这个 IP。

例如网络变现"神话"Papi 酱的受众是接收新媒体能力较强的"80后""90后"。她的自身定位是幽默、善于吐槽，通过讽刺传播正确的价值观，她的标志性口号是"集才华和美貌于一身的女子"，简短有个性的口号形成了极强的传播力，她能够说出受众平时想说又说不出的话，能引起粉丝的共鸣。

（2）搭建社群

搭建社群的一般步骤是选择搭建社群的平台，如知乎、微信、微博、大鱼号、简书等；设置加入社群的规则，例如是通过申请加入社群还是付费加入社群，是通过邀请加入社群还是以完成任务的方式加入社群；建立社群规则，让社群有一个能够良好交流的环境和基调；设置社群的淘汰规则，对社群成员形成一定的约束力，这样留下来的粉丝才是高质量的粉丝。

例如笑果文化基于"脱口秀大会"这个 IP，为每一个选手建立了个人 IP，每一位选手都会有自己的粉丝群，粉丝群采取申请审核制加入，只允许粉丝探讨有关脱口秀的话题和自己的生活问题，对于胡乱发广告或者一定时间内不发言的粉丝会采取移除粉丝群的措施。

（3）运营社群

在粉丝获取阶段，创作者可以通过线上和线下的活动推广来精准地获取第一批粉丝；在提高粉丝黏性阶段，创作者可以通过运营加深与粉丝的牵绊并筛选出高质量的粉丝，粉丝的质量要比粉丝的数量更关键。

创作者要经常抛出话题，提高互动频率；还要经常输出内容，不然社群的建立就缺少了目的性；还可以为粉丝设置升级渠道，例如完成指定任务可以成为更高级别的粉丝，获取更多权限和福利。

（4）社群变现

创作者要提高内容或者产品质量，不要让粉丝花钱买情怀、花钱买失望，而应该让粉丝有一种钱花得很值的感觉。

根据美国行为科学家弗雷德里克·赫茨伯格提出的双因素理论，一个粉丝的满意度可以分为保健因素和激励因素。为 IP 付费满足了粉丝的保健因素，即仅能保证粉丝不会失望；而 IP 的高质内容或增值服务则可以满足粉丝的激励因素，即让粉丝感觉到惊喜、开心，从而对 IP 和社群更加忠诚。

创作者可以推出更多的精品付费功能，让粉丝有获得的门槛，从而更珍视获得的内容；利用社群的资源，扩大产品的知名度和影响力；实时跟踪粉丝的反馈，注重变现产品的口碑管理，让社群形成良性的传播效应。

7.2.2 粉丝裂变

在自媒体时代，粉丝裂变一直以来都是快速涨粉的手段之一。

1. 为什么"大咖"都热衷于粉丝裂变

《裂变：未来品牌必修课》认为："裂变是迅速开疆拓土的利器，是锁定消费者、依据消费者需求塑造产业版图的手段。"

（1）成本低：低成本，高回报

以知乎为例，知乎的创作者获取粉丝的基本方式是进行有知识增量、有干货内容的输出。

粉丝裂变被认为是涨粉最高效的方法。它是指一个粉丝裂变成多个粉丝的过程，可以从"得人心"实现"得收益"，是粉丝呈指数型爆发增长的模式。如果能有效完成粉丝裂变，那么创作者就可以花费更少的代价获得更多的粉丝。

（2）范围广：粉丝裂变有利于形成 IP 生态圈

IP 生态是指上游内容创作、中游传播推广、下游流量变现形成的全产业链条模式。现在的商业模式都是从核心 IP 向 IP 生态发展，如"十点读书""罗辑思维"等，通过粉丝的分享和传播吸引新的粉丝，发展更多的销售渠道。

可见，粉丝既是上游内容创作的需求方，又可以通过粉丝裂变为中游的传播方，还是下游流量变现的消费方。在促成 IP 生态圈的形成方面，粉丝裂变的推动至关重要。

（3）速度快：粉丝裂变可以迅速积累用户

一个只有 68 名粉丝的微信公众号的创作者策划了一场粉丝裂变活动，他首先通过微信公众号发布宣传海报和文案，利用现有的种子用户，以邀请 5 个人加入社群就能获得奖品的方式建立了社群，再在社群中加大宣传力度，诱发社群用户转发朋友圈。

此粉丝裂变活动首发当天，该微信公众号就涨粉 4 067 人。活动结束时，通过粉丝裂变，该微信公众号共计涨粉 7 954 人，而这场活动的奖品是"28 天在线写作课程"，电子版课程可以多次发放，成本极低。

"道生一，一生二，二生三，三生万物。"粉丝裂变可以在短期内扩大 IP 的知名度和影响力，解决号主粉丝少、涨粉慢的问题。

2. 粉丝裂变的常用手段，快速增加活粉

粉丝裂变的常用手段的核心是"任务 + 奖励"。发展第一批种子用户后，让他们发生一定的裂变行为并给予奖励，可以提高种子用户裂变的积极性，还能够提高粉丝裂变的效率。

（1）转发裂变

转发裂变，可以是粉丝转发文章到自己的社交圈，即可获得奖励。试想一下，一个拥有 10 万粉丝基础的自媒体账号，若每个粉丝转发一次，会形成非常高的曝光率。

在使用转发裂变时，创作者要注意做好文章链接，仔细斟酌一个合适的推荐语。推荐语要能吸引用户、有传播性，还要能体现出自己文章

的主旨和目的。

例如村上春树给《漫长的告别》一书写推荐语："毋庸置疑，《漫长的告别》是部完美的杰作，极其出类拔萃。如果允许我用夸张的表述，那几乎达到了梦幻的境界。"

"完美""出类拔萃""梦幻的境界"等词使还没看过这本书的人有一种想见识一下这本书到底有多完美的欲望，而看过这本书的人也会想去重温一下那梦幻般的感觉。

（2）邀请裂变

邀请裂变可以是粉丝邀请 5 名好友关注 IP 或者进入 IP 社群，即可领取红包，这样 1 名粉丝就可以裂变成 5 名粉丝，而这 5 名粉丝又会基于红包的诱惑，去邀请更多的参与者。

邀请相对于转发而言，强制性更高一些。因为转发后看到文章的人不一定会关注 IP，但是邀请来的用户只有关注了 IP，种子用户才会得到奖励。所以种子用户每邀请一个用户，IP 就多了一名粉丝。

（3）群裂变

我在知乎上看到了一个 48 小时裂变 500 人微信群的经验，号主最初建立了一个 30 人的粉丝群，将群里的粉丝作为自己的种子用户，约定每邀请 10 个人进群就送一个抱枕。

在裂变的过程中，号主会发布自己的文章，解释自己的 IP 是做什么的，后续可能会推哪些产品等，让进群的人知道社群的目的和作用。

其中有些不愿意留下的人会退出，愿意留下的人便成了号主的新粉丝。

（4）打卡裂变

打卡裂变的特点是分类阅读、碎片学习、价值激励，例如百词斩就是一款通过打卡裂变的英语学习软件。

假如 IP 有自己的 App，那么可以记录粉丝每天在 App 上的阅读时长，对阅读达到一定时间的粉丝给予相应的奖励，如免费看更多的内容；要求粉丝将打卡的结果分享到个人的社交账号，以吸引粉丝社交圈的朋友完成裂变。

3. 粉丝裂变要注意的问题

使用粉丝裂变的常用手段时，创作者要注意用户的体验，还要注意粉丝的质量和留存。

（1）从用户角度出发，把握用户需求

某图书阅读App宣传文案为："半年的时间，用在读书上，会让我们发生什么变化？"没过多久，该平台就换了文案，这是因为这个文案没有精准地踩在用户的兴趣点上，很多人根本不关心读半年书会让自己有什么变化。

其后，该平台的宣传文案改为："你有多久没读完一本书了？"这个文案精确地抓住了用户的痛点，让用户对自己展开反思——自己确实很久都没有完整地读过一本书了。

用户不在乎你能给他什么，更在乎自己想要什么。只有文章的内容真正与用户的需求匹配，他才愿意为之付费、转发。所以创作者应该注重粉丝的实际需求，根据粉丝的需求选题、写文。

（2）质量重于数量，注重粉丝增长性价比

对于涨100名不会带来任何收益的粉丝和涨1名能带来1000元收益的粉丝，你会选择哪一种？

粉丝裂变的目的是涨粉，涨粉的目的是获取收益，所以根本目的还是获得收益。因此在粉丝裂变活动中，创作者应注意筛选出高质量的粉丝，重点关注他们的诉求，而不是仅仅关注粉丝的数量。

（3）不要忽视后续服务

粉丝裂变活动的结束并不意味着真正的结束，IP若想持续长久地发展，应该以留住粉丝为粉丝裂变活动的最终目标，活动结束就立即取关的粉丝对IP没有任何价值。

创作者要经常与粉丝互动，解决粉丝的问题，提高粉丝对IP的信任感。例如可在自己的读者微信群里进行每周三次的答疑来调动粉丝的活跃性。

8

自媒体写作的
终极目标

丹尼尔·卡尼曼在《思考，快与慢》中说："在经济行为中，付出就是成本，学习技能就是为了追求利益与成本的平衡。"为了学习写作这项技能，我们付出了时间成本，但同时它也给我们带来了多重的实际收益，我们的目标是使收益能够平衡成本，甚至超过成本，形成利润。

8.1 自媒体写作的多重实际收益

1. 丰富个人生活

快节奏的生活无形中给现代人带来了颇多压力，大家忙忙碌碌，想停下来回头看看自己走过的路时，却发现脚印已被时间磨灭，了无痕迹。而写作可以缓冲时间的磨灭效果，帮助人们记录生活，也可以丰富人们的生活。

（1）留存生活记忆

《凡人之心》的主人公用日记记录下了自己的一生，从学校到战争，从青春到年迈。看似平平淡淡的日记，读者却能透过简单的生活看出一个人在各个时期的思想与成长，甚至感受一个时代的变迁。

细水长流的平淡生活，不知不觉地把人从幼稚推向成熟。写作能帮助创作者记录生活的点滴，帮助创作者了解自身的成长曲线，同时记录的文字也是其自我复盘的依据，能让创作者以更宏观的视角反思自己失败时是哪里考虑得不够周全，成功时是否选对了前行的方向而继续提升自己。

（2）强化人生经验

游记作家能记录下在旅途中的所见所闻和当时对风景、美食、建筑的切实感受，就像写下了中亚各国深度探索旅记的刘子超；情感作家能在恋爱、婚姻中融合自己的感悟，将人物在面对情感困境时的表现处理得细腻深刻，就像在剖析人性中构建艺术世界的张爱玲。

人如果不写作，会遗忘自己在很多重要时刻的经验与感受，而经验是人最能区别于其他人的核心竞争力，不能把经验用在后续生活中是对人生的虚度与浪费。写作有助于强化个人的人生经验，能让笔者在事后还原每一场经历中的情绪和感受。

（3）促进身心健康

《康复是一场旅行》中提到，写作可以促进身心健康，这是因为人通过写作能起到一定的发泄作用，能在写作过程中调整自己的身心状态，从而树立战胜疾病的决心和自信，有助于提高免疫力。

写作可以使现代人克服生存困难，进入自我观照状态。在这种状态下，那个狂躁不安的自我会渐渐安静。写作还能够消除负面情绪，缓解作者在生活中的紧张、焦虑、抑郁。

2. 增强个人能力

写作不仅能让生活有迹可循，而且能增强作者在思考、学习、沟通方面的能力，使作者获得快速成长的优势。

（1）增强思考能力

史蒂芬·平克说："写作是把网状的思考，做成树状结构，用线性语言表达出来。"

"网状的思考"是指在写一篇文章前，无论是脑海中的信息还是收集到的信息都是杂乱无章的，创作者要把这些分散的内容整理成有层次的信息，最后以平滑的文字将这些信息传达给读者。

可见，写作的过程实际上是对自己的思维进行归整的过程。在这个过程中，创作者会不断地加深思考，找到信息之间的关联性和层次性。

（2）增强学习能力

在关于写作方法的讲解中，我们知道文章都是先搭建结构再进行更细致、更深入的补充。这种思维不仅能用在写作里，实际上它也是学习的通用方式。

写作能够帮助人学会多角度地分析问题，有效地、有条理地理清知识脉络，不是粗泛地、囫囵吞枣地学习，而是有重点地、有方向地学习。

在面对生活和工作中的学习任务时，精通写作的人会迅速搭建起思维框架、知识体系，从而实现快速学习、高效消化。

（3）增强沟通能力

清华大学成立了写作与沟通教学中心，让所有本科生共同学习写作。问及彭刚教授开设通识写作课程的原因时，他说是为了"弥补人才在写作表达和沟通能力方面的欠缺。"这说明写作可以加深学生对事物的认识，使学生用最准确的方式将信息表达出来，还可以提高学生在信息分享时的沟通效率。

经过长期写作训练的人往往具有较强的表达能力，在日常的书面沟通中，如信件、邮件、报告等方面能够表现得更为出色，因为他们知道如何遣词造句才能便于对方理解，避免对方产生误会，而且会把握好写作的语气，促进有效沟通。

3. 获取经济收入

写作可以提升创作者的内在涵养，并且能为创作者带来实际收益。我的一位学员通过运营头条号实现了变现，她根据自身的实际情况为自己制订了细致的运营计划：保持日更文章，每天发 10 条微头条，每天涨粉 100 个，平均每篇文章的阅读量超过 10 万次。

从拿到原创标签到排版，再到运营，她都严格地按照自己制订的计划执行。第 1 个月她就超额完成了任务，平均每篇文章的阅读量远超 10 万次。从第 2 个月开始，她的微头条阅读量已高达 4 000 万次。一年后，她的账号涨粉 24 万人，变现金额超过 20 万元。

（1）平台创收

从她的经验中我们可以看出，自媒体平台可以为创作者带来巨大的收益。目前，主流的自媒体平台有今日头条、百家号、企鹅号、知乎、微博、微信公众号等，各个自媒体平台的变现方式大同小异。下面以今日头条和头条号为例来说明自媒体平台的主要变现方式。

①广告收入。

"头条广告"会在文章中匹配用户感兴趣的广告，创作者可以根据阅读量、广告的点击量来获取收益。

②利用外链为商品引流。

如果创作者有自己的商铺，则可以在文章中插入店铺、官网、活动 H5 的链接。

③投稿赚稿费。

今日头条的"青云计划"是比较受自媒体创作者欢迎的一个项目，其采取每天筛选和每月评选的方式选出优质文章，上稿的优质长文每篇可以获得 5 000 元的奖励。今日头条还有"千人万元"计划，以激励原创作者为创办目的，拟扶持 1 000 个头条号创作者每月获得万元的保底收入。

④读者的打赏。

被文章所触动的读者可以给文章的创作者打赏，这是读者对创作者的一种肯定和认可。当然，读者打赏可遇不可求，更多起到的是对创作者的鼓励作用。

⑤创建社群，粉丝裂变。

头条号中有"头条圈子"功能，创作者可以创建自己的社群，粉丝可免费或付费加入该社群，进而创作者可以精准地与自己的粉丝互动，通过运营提高粉丝黏性，促进粉丝裂变。

（2）为公司撰写文案

除了进行自媒体写作，文案类人才在社会中还有着巨大的缺口。曾有客户问我能不能推荐几位文案写得好的人，我推荐的学员既帮客户解决了文案需求，也利用业余时间获取了可观的收入。

现在能够让用户满意的文案，平均费用在千元左右，而如果你的文案转化率比较高，即使你还没有名气，也可以拿到 5 000 元以上的文案费。一些文案"大咖"的文案费更是以万元计。曾经一位"大咖"仅写了 7 个字的广告语就卖出了 50 万元，1 个字就价值 7 万元以上。

（3）带货与知识付费

现在，电商深入渗透每个人的生活，如果你是一个有自己产品的创业者，学会写作将有利于提高你商品的销售量。一篇好的文案，可以让普通的商品受到疯抢；而一篇差的文案，则可能让优质的产品无人问津。

李笑来说："提高时间单价的方法，就是想办法把原来的一份时间，卖出更多份。"

在写作初期，创作者几乎是写一篇文章赚一篇文章的钱；而发展到后期，创作者就可以考虑只做一次努力，却可以重复赚钱。例如出版图书，利用便捷的网络录制电子版课程，对原来公开发表的内容进行收费，每多一个人购买或付费，时间的单价便提高了一些。

例如知识付费做得比较成功的罗辑思维，其以教育作为核心理念，创建了得到 App，线上有课程、电子书、听书多个付费栏目，线下开办的"得到大学"已覆盖全国 11 座城市。

（4）建立个人品牌

当粉丝积累到一定的规模时，创作者就可以着手打造自主品牌，不仅可以写作，还可以靠 IP 影响力创作周边，既能壮大 IP，又能提高粉丝黏性。例如创作者的作品可以衍生出漫画形象，让 IP 拥有人的特性，还可以改编成电视剧、动漫等，以吸收多领域的粉丝。

当然，如果做到了运营 IP 的规模，创作者最好不要再"孤军奋战"，而应该创建自己的团队，清晰定位、健全品牌、招商引资、宣传推广，把 IP 做成生态产业。

以十点读书为例，其以十点读书为核心 IP 构建矩阵，业务范围覆盖文学、电影、时尚、教育、视频、出版、书店等多个领域，矩阵粉丝高达 3 000 万名，通过出版图书，开设付费课堂，开办书店、母婴店等实现多渠道创收。

综上可以看出，写作所能获得的收益具有多重性，既包括精神上的锻炼，也包括物质上的收获；既能够促进创作者的成长，也能为创作文化产品提供力量。

8.2　实现财务和时间自由

根据《人民日报》的统计数据，大部分收入越高的人可自由支配的时间越少，这看起来像是用时间自由换取收入，让时间自由和财务自由仿佛成为一道单选题，两条平行线。

然而，自媒体写作却是可以"鱼和熊掌兼得"的方式，可以帮助创作者实现财务和时间的双重自由。

1. 要谈自由，先谈不自由

作家许佳曾在采访中被问及写作给她带来的自由时，她说要先说说自己的不自由，才能对比出自由。

她在从事写作前的职业是市场推广，忙碌的工作占据了她的全部生活，令她产生了生活不自由的感觉。全职写作后，她重新找回了久违的快乐，获得了精神和生活的自由。

人人都渴望自由，然而现实往往是下面这两种情况。

（1）缺少灵活的时间安排生活

在现实生活中，并不是每个人都如同《令人心动的 Offer》中的嘉宾，有着高学历、优质的实习经历、年轻的资本去找到一份令人羡慕的好工作。

曾有一位"75 后"的自媒体创作者说他之前做过平面设计，也做过会计，甚至还去摆过地摊，可这些工作都让她身心俱疲，要么是坐班时间太久，要么是太辛苦，精力耗费巨大，顾不上家庭，自己想培养业余爱好也挤不出时间。

相比于自由职业，"996""朝九晚五"等工作制对每个人都有一定的制约性，让协调工作和家庭的平衡成为很多人面临的难题，而且这样的工作常常让人觉得"受制于人"。"受制于人"的事情多了，留给个人的发展空间就小了。

（2）缺少财力支撑自我的独立

还有一类人，如全职太太，她们拥有足够的自由时间，却因为经济问题产生诸多困扰。我就遇到过这样一位朋友，我问她为什么写作时，她说自己因生孩子辞职后一直在家，自己有很多时间，本想投资理财，但需要原始的资金基础，而她家里没闲钱。

有时，经济确实是自我独立最基本的底气。人有了能够可随意支配的收入，才有面对未来风险时的抵抗能力。

2. 自媒体写作可以实现财务自由

马斯洛说："人类最美丽的命运、最美妙的运气，就是从事自己喜爱的事情并获得报酬。"如果自媒体写作是你的爱好，那么通过自媒体写作实现财务自由将是一件有益身心和能促进个人成长的事。

（1）自媒体写作真的可以实现财务自由吗

常有人问："我的年龄大、学历低、写作基础也不好，真的能靠自媒体写作赚钱吗？"答案是完全有可能。自媒体写作的特点是宽进严出，也就是说它的入门门槛并不高，很多学历并不高的自媒体人，都靠着自己的努力和学习，成功地在自媒体写作上获得了第一桶金。

而在我认识的自媒体创作者中，也有初中学历且年龄比较大的人。其中一位创作者学习写作仅 10 个月的时间，就写出了阅读量过百万的爆文，实现了从赚零花钱到财务自主的跃迁，又实现了从财务自主到财务自由的跃迁。

（2）怎么靠自媒体写作实现财务自由

现在是写作的黄金时代，有互联网的支持，创作者不用再像传统纸媒时代那样准备很久才去投稿，或者等待结果需要数月甚至半年之久，审稿和稿费结算的周期也很长。现在，在自媒体上通过写作实现财务自由要比从前容易很多。

创作者可以向大号投稿，稿费为几十到几千元不等；可以自己运营自媒体账号，获取用户打赏或植入广告赚广告费；也可以在积攒了一定的行业认可度后做付费咨询，定制传授知识；还可以利用 IP 品牌衍生商品，赚取产品收益。

（3）靠自媒体写作实现财务自由需要注意什么

当然，通过自媒体写作实现财务自由并不是一蹴而就的事，财务自由是写作的终极目标之一。在此之前，自媒体写作要经历成长期、稳定期、成熟期。创作者要把赚取收益当作自己的长期目标，要稳定地写作，坚持写作。

例如我的一个朋友每天都会保证写作 3 000 字左右的内容，最多时一天可以写作万字。自媒体写作确实可以实现财务自由，但新人要时常扪心自问，你真的踏实地静下心来一直写了吗？

除了坚持外，掌握正确的写作方法也很重要。创作者要明白自媒体文章的逻辑和写作套路，要有方向、有方法地写作，才能达到事半功倍的效果。

3. 自媒体写作可以实现时间自由

"自由的最终含义是时间自由。"只有自己能够自由地支配时间，才能去做更多自己真正想做的事。

（1）什么是时间自由

陪伴慢慢老去的父母，哺育渐渐长大的孩子，培养丰富多彩的爱好，看看世界各地的风土人情，要实现这些，除了物质保障，更重要的是要有充足的时间。

就像《财富自由之路》中提到的，财富自由的意义，不仅是获得财富的自由，更重要的一点，是获得时间的自由。

掌握自己时间上的主动权，才更有可能在有限的时间里活出生命的厚度和深度。

（2）为什么自媒体写作可以实现时间自由

自媒体写作不受严格的时间和地点的限制，即便你是兼职写作，也可以选取合适的写作时间和舒适的写作环境。

创作者可以把时间分配在自己感兴趣的内容上，让爱好与自媒体写作同步展开，既利用时间做了自己喜欢的事，还利用自己的兴趣实现了变现。

随着创作收入的增加，你会发现你拥有的时间越来越多了，因为时间的单价越来越高了。平时每天工作 8 小时的收入，也许通过自媒体写作只需要 1 个小时就能轻松超过。

自媒体创作者越是资深，收益越大，自己能安排的时间就会越多，也就会越发实现时间自由。

（3）自由不等于挥霍，要保持自律

海明威在《流动的盛宴》中记录了自己的写作生活，即使在前一晚

醉酒，他也会在第二天清晨 5:30—6:00 进入写作状态。

　　每一个优秀的人都是高度的自律的。如果把自媒体写作实现的时间自由视为可以挥霍时间、拖延放纵的借口，那这种自由就是会摧毁人生的"伪自由"。

　　那些自律的作家基本都有以下习惯：规律的作息时间，他们都有自己的时间表，表中写明了什么时候起床，什么时候写作，什么时候休息；坚持读书，源源不断地输入才能给创作提供更多的灵感和基础；甘于寂寞，只有心沉下来、稳下来，才能留给自己更多深入思考的时间。

　　总之，创作者要以实现财富自由和时间自由作为自媒体写作的终极目标，为自己制订阶段性的小目标，脚踏实地地前行，稳扎稳打地进步。